'여권통문', 새 세상을 열다

역사여성미래 총서 1

'여권통문', 새 세상을 열다

2021년 9월 27일 1판 1쇄 인쇄
2021년 9월 30일 1판 1쇄 발행

글쓴이 강영경·강영심·김수자·신영숙·안명옥·이방원·정현주
기 획 (사)역사·여성·미래
펴낸곳 역사여성미래
　　　　　서울특별시 은평구 통일로 713 3층(대조동)
　　　　　전화 : 02-6949-2530
등 록 2020년 1월 6일(제2020-000068호)
홈페이지 http://www.historywomenfuture.modoo.at.kr
전자우편 nwhm2013@naver.com
ISBN 979-11-975862-0-0 03900

이 도서는 한국출판문화산업진흥원 2020년 「길위의 인문학 인문교육콘텐츠 개발 지원사업」
탐구단계 사업 선정작입니다.

역사여성미래 총서 1

'여권통문', 새 세상을 열다

역사여성미래

'여권통문'의 정신을 계승한 여성들을 기억하며

1898년 9월 1일은 한국 여성사에서 매우 뜻 깊은 날이다. 우리나라 최초의 여성단체인 찬양회(贊襄會)가 출범하면서 '여권통문(女權通文)'을 발표한 날이기 때문이다. '여권통문'은 '여학교설시통문'을 말하며, 우리 역사상 처음으로 여성들이 권리를 주장한 선언으로 한국 여성운동의 기원으로 평가된다.

당시 조선은 날로 심화되는 열강의 한반도 침략 야욕과 문명개화 욕구에 직면하여 국론이 분열되고 갈등이 첨예화되던 시절이었다. 심지어는 1895년 10월 8일 명성황후가 구중궁궐에서 일본인 낭인에게 시해되고 고종황제께서는 러시아 공사관으로 피신하는 국권이 흔들리는 사건도 일어났다. 이러한 국내외적 위기를 극복하기 위해 조선은 1897년 10월 국호를 대한제국으로 바꾸고 새로운 국가 출발을 다짐할 때였다.

이러한 상황에서 여성들은 '여권통문'에서 문명개화정치에 여성들도 참여할 권리가 있으며, 남성과 평등하게 직업을 가질 권리와 당당하게 여성들도 교육받을 권리를 요구하였다. 약 300여 명의 여성들이 한 목소리로 여학교 설치를 국가에 요구했고, 이는 매우 놀라운 사실로 받아들여져 황성신문 등에 보도되었다. 남성들의 참여도 이끌어냈고, 양반층에서 시작해서 서민층 여성들도 동참했다. 찬양회라는 단체를 조직했고, 순성여학교도 설치하여 독자적으로 운영했다. 실로 행동하는 여성들이었다. 찬양이란 '도와서 길러준다'는 뜻으로 후원, 양성을 의미한다.

'여권통문'은 단순한 여학교 설립 목적뿐 아니라 서구사회에서 성취된 것과 같은 천부인권 사상을 배경으로 남녀평등권의 획득을 구상하고 있다. 충군애국(忠君愛國)하는 국민의 한 성원으로서의 여성교육을 위해 국가가 당연히 여학교를 설립해야 한다는 신념으로 관립 여학교 설립운동을 적극적으로 추진했다. 1898년 10월 13일에는 회원 100여 명이 덕수궁 대궐문 앞에 나아가 관립여학교 설립청원 상소문을 고종황제에게 직접 올렸다. 고종황제도 학부로 하여금 적절한 조치를 내리겠다고 긍정적인 회답을 했으나 정부 측에서는 한 해가 다 가도록 설립 준비의 기미가 보이지 않았다.

그러나 찬양회는 1899년 2월까지 여학교 설립이 이루어질 것으로 믿고 이미 여학생을 선발해 놓은 터라 2월 26일 서울 어의동에서 여학생 30명으로 순성여학교를 개교했다. 이것은 한국인에 의해 특히 한국여성에 의해 설립된 최초의 여학교였다. 찬양회는 부회장인 김양현당을 교장으로 임명했고, 찬양회 사무원으로 뽑힌 고정길당을 유일한 전임 교원으로 했다. 연이은 재정곤란과 교장인 김양현당이 1903년 3월 병사하면서 순성여학교는 더 이상 존속하기가 어려웠다. 그러나 당시 정부의 여성교육에 대한 무관심을 일깨웠고 여학교 설립의 필요성을 사회 전반에 인식시키는 데 공헌했다.

이토록 개화기의 여성들은 선각자 정신으로 나라를 구하는 데 앞장섰고, 여성의 평등한 권리를 획득하는 데 적극적으로 투신했다. 그 영향으로 많은 여성이 전문직으로 진출하고 국채보상운동, 3·1운동 등 독립운동에 참여하게 됐다. 즉 '여권통문' 선언에서 시작된 여성운동의 맥은 일제강점기에도 이어져 여성교육운동, 농촌계몽활동, 항일투쟁, 독립운동으로 이어졌다. 이런 의미에서 해방 후 실시된 여성투표권, 평등교육권이 거저 주어진 것이 아니었음을 확인할 수 있다. '여권통문' 선언으로부터 면면히 이어져 온 한국여성들의 자발적 여권운동의 결과였다.

오늘날 여성들의 사회진출이 여성 스스로의 능력과 실력으로 성과를 거두고 있지만, 사회에 안정적인 뿌리를 내리기 위해서는 아직도 풀어가야 할 수많은 과제가 놓여 있다. '역사 잊은 민족은 미래가 없다' 하였다. 남성과 함께 역사의 양대 산맥인 여성들이 일구어 왔던 노력들이 햇빛에 나와 빛을 발할 때 인류의 미래와 평화를 말할 수 있다.

여성을 우리 역사의 전면에 서게 한 '여권통문' 발표일인 9월 1일을 기념하는 법안이 국회에서 통과하여 2020년부터 이 날을 '여권통문의 날'로 지정하고 일주일간을 '여성인권주간'으로 정하고 있다. 올 해 2회 '여권통문의 날'을 맞이하여 사단법인 역사·여성·미래는 '여권통문'의 정신을 실천한 여성의 삶을 되돌아보고 미래를 전망하고자 개화기부터 일제강점기까지 10여 명의 여성을 선정하였다. 이 책을 기획하고 집필하는데 애쓴 여성사학자 여러분의 노고에 감사드린다.

2021. 9. 1.

(사)역사·여성·미래 이사장 이배용

Contents

한국 최초의 여성인권선언, 여권통문

여권통문은 1898년 9월 1일 서울 북촌에 사는 여성들이 당시 남성들만 누리고 있던 교육권, 직업권, 참정권 등에 여성도 참여할 동등한 권리가 있음을 주장한 한국 최초의 근대적 여성인권선언문이다. 이는 원래 '여학교설시통문(女學校設施通文)'이라 하였는데, 여성에게도 동등한 권리가 있음을 주장하였기에 이를 줄여서 '여권통문(女權通文)'이라고 한다. 이 통문에는 여성의 평등한 교육권, 정치참여권, 경제활동 참여권이 명시되어 있으며, 『황성신문』, 『독립신문』, 『제국신문』과 독립신문의 영문판인 『THE INDEPENDENT』에 그 내용이 보도되었다.

『황성신문』 별보(1898. 9. 8.)에 실린 '여학교설시 통문'(좌)과 THE INDEPENDENT(독립신문 영문판, 1898. 9. 10.) (출처: 연세대 중앙도서관)(우)

한국 최초의 여성인권선언의 내용과 의미

여권통문의 발표배경

1894년에 일어난 청일전쟁은 개화노선의 일본과 유교사상의 청이 맞서는 싸움이었다. 여기에서 승리한 일본은 '독립한 문명국'임을 증명하였고 동아시아에서 중국 중심의 질서 체제를 끝내고 일본이 패자(霸者)가 되었다. 이어진 갑오개혁에서 조선은 비로소 과부의 재가(再嫁)를 허용하였고, 조혼(早婚)을 금지하였다. 신분제도가 폐지되어 문벌(門閥)과 반상(班常)제도가 폐지되었다. 노비의 매매가 금지되고 연좌제도가 사라졌다. 일본의 권고에 의한 것이지만 1895년 1월 7일 고종은 자주독립을 처음으로 내외에 선포하면서 정치혁신을 위한 기본강령인 홍범14조를 발표하였다. 이는 정치제도의 근대화와 자주독립국가로서의 기초를 세우기 위한 것이었다. 여기에 해외유학생 파견에 의한 선진문물 도입과 문벌폐지와 능력에 따른 인재등용이 포함되어 있었다.

고종은 1897년 10월 26일 대한제국을 선포하여 독립된 자주국가임을 내외에 선포하였다. 이어진 광무개혁에서 근대식 정부와 행정제도를 추구하였고, 서울의 근대적 건축의 도시화를 추진하였으며 전기·전신·전차를 도입하였다. 그리고 신문을 발행하고 근대학교를 설립하였다.

이리하여 조선사회에 개화의 물결이 등장하였다. 나라가 개화하기 위해서는 여성도 개화해야 한다는 주장이 등장하였고, 이는 전통적인 여성관에 새로운 변화를 가져왔다.

여권통문의 내용

이러한 시대적 변화를 기반으로 1898년 9월 1일 서울 북촌의 양반여성들이 '여학교설시통문'을 발표하였다. 그 내용은 "이제 대한제국이 성립하여 개화정치로 나아가는 변화의 시기에 옛 관습을 버리고 여성도 학교를 다녀서 지식과 학문을 배워 자립하고, 나라를 위해 여성도 남성과 동등하게 참여하자"는 것이었다.

여성도 남성과 똑같은 사람임을 내세우면서 여학교 설립을 주장하고 있는 이 글은 한국 최초의 여성인권선언문으로 평가받고 있다.

『황성신문』은 1898년 9월 8일자에 논설 대신 '여권통문'을 실었다. "북촌의 어떤 여중군자 서너분이 개명(開明)에 뜻이 있어 여학교를 설시하려는 통문이 있기로, 하도 놀랍고 신기하여 우리 논설을 없애버리고 게재하노라"라는 설명과 함께 여권통문의 전문을 그대로 실었다. 이를 이해하기 쉬운 말과 단락으로 나누어 살펴보도록 하겠다.

---

(1) 대저 물이 극하면 반드시 변하고[1] 법이 극하면 반드시 갖춤은 고금의 떳떳한 이치라.
- 이 부분은 본 여권통문의 명제(命題)라고 할 수 있다. 모든 우주 만물은 때가

---

[1] 물극즉변(物極則變)은 만물이 변하여 극에 다다르면 변하는 것이 자연의 이치라고 한 것이다. 이는 유교와 도교에서 우주 만물이 변화하는 이치를 설명한 것이다. 우주 생성의 근본원리를 담은 『주역』에서는 '물극즉반(物極則反)'이라 하여 모든 사물은 변화하는 것으로 설명하였다. 현실의 근원과 그 변화하는 과정을 도가적인 관점으로 논증한 『회남자』에서도 '천지지도(天地之道) 극즉반(極則反)'이라 하여, 천지의 모든 사물은 극에 다다르면 변화하는 것이라고 설명하였다.

되면 변화하는 것이고, 이러한 변화에 여성도 참여해야 한다는 것을 주창한 것이다.

(2) 아 동방 삼천리강토와 열성조 오백여년 기업으로 승평 일월²에 취포³ 무사하더니

- 우리나라 강토와 1392년의 조선왕조 창업 이후 1898년의 500여 년 동안 해와 달이 순조로워 태평하게 되고, 취하고 배부르게 먹으며 평안하더니

(3) 우리 성상 폐하의 외외탕탕⁴ 하신 덕업으로 임어하옵신 후에 국운이 더욱 성왕하여

- 높고 넓은 덕을 쌓은 고종이 즉위(1863년)한 후에 국운이 더욱 왕성하여

(4) 이미 대황제 위에 어하옵시고 문명개화한 정치로 만기⁵를 총찰⁶하시니

- 대한제국을 선포하고(1897년 10월 12일) 황제의 자리에 임하시고 문명개화로 여러 정무를 맡아 살피시니

(5) 이제 우리 이천만 동포형제가 성의⁷를 효순⁸하여 전일 해태⁹한 행습은 영영 버리고 각각 개명한 신식을 준행할 새

- 온 국민이 정성으로 이를 따라서 예전의 게으르던 습관은 영영 버리고 각각 개명한 신식을 쫓아서 행해야 할 때에

---

2 승평일월(昇平日月): 나라가 태평한 세월
3 취포(醉飽): 취하도록 마시고 배부르도록 음식을 먹음
4 외외 탕탕(嵬嵬 蕩蕩): 높고 넓은
5 만기(萬機): 임금님의 정무
6 총찰(總察): 모든 일을 맡아 살핌
7 성의(誠意): 정성스러운 뜻
8 효순(孝順): 효성 있고 유순함
9 해태(懈怠): 게으름

6) 사사[10]이 취서[11]되어 일신우일신[12]함은 사람마다 힘쓸 것이어늘 어찌하여 일향[13] 귀 먹고 눈먼 병신 모양으로 구습에만 빠져 있는가. 이것이 한심한 일이로다.

- 스승의 가르침을 받아 날로 새롭게 함은 누구나 힘쓸 일인데 어찌하여 우리 여성들은 한 결 같이 귀먹고 눈먼 구습에만 빠져 있는가.

(7) 혹시 이목구비[14]와 사지[15]오관[16] 육체가 남녀가 다름이 있는가? 어찌하여 병신모양으로 사나이가 벌어주는 것만 앉아 먹고 평생을 심규[17]에 처하여 남의 절제만 받으리오.

- 남녀의 육체가 같은데 어찌하여 남자가 벌어주는 것만 앉아서 받아먹고 평생을 집안의 깊숙한 방에 갇혀서 남자들의 구속을 받고 살아야 하는가.

(8) 이왕에 우리보다 먼저 문명개화한 나라들을 보면 남녀가 동등권이 있는지라 어려서부터 각각 학교에 다니며 각종 학문을 다 배워 이목을 넓혀 장성한 후에 사나이와 부부지의[18]를 맺어 평생을 살더라도 그 사나이에게 일호[19]도 압제를 받지 아니하고, 후대함을 받음은 다름 아니라 그

---

10 사사(師事): 스승으로 삼고 가르침을 받음

11 취서(就緖): 일의 첫발을 내딛음

12 일신우일신(一新又一新): 날로 새로워짐

13 일향(一向): 언제나 한결같이

14 이목구비(耳目口鼻): 귀 눈 입 코

15 사지(四肢): 두 팔과 두 다리

16 오관(五官): 눈, 귀, 코, 혀, 피부 등 다섯 가지 감각기관

17 심규(深閨): 여자가 거처하는 집이나 방

18 부부지의(夫婦之宜): 남편과 아내의 연분

19 일호(一毫): 조금

학문과 지식이 사나이와 못지 아니한고로 권리도 일반이니[20] 어찌 아름
답지 아니하리오.

- 먼저 개화한 나라들은 남녀가 평등해서 여성도 학교 다니며 학문을 배우고
견문을 넓혀서 어른이 된 후에 결혼을 해서 부부로 살 때에도 남편에게 조
금도 억압을 받지 않고 대우를 받는 것은 학문과 지식이 남성에게 뒤지지
않고 권리도 동등한 때문이니 얼마나 아름다운 모습인가.

(9) 슬프도다 전일을 생각하면 사나이가 위력으로 여편네를 압제하려고
한 갓 옛글을 빙자하여 말하되, 여자는 안에 있어 밖을 말하지 말며, 술
과 밥을 지음이 마땅하다 하는지라. 어찌하여 사지, 육체가 사나이와 일
반이거늘 이 같은 압제를 받아 세상 형편을 알지 못하고 죽은 사람 모양
이 되리오.

- 슬프다. 지난날을 생각하면 남편이 힘으로 여성을 억압하려고 옛글을 핑계
로 삼아 여자는 집안에 있으면서 세상일을 알려고 하지도 말고, 음식만 만
들어야 한다고 했다. 어찌해서 사지와 육체가 남성과 같은데 이런 압박을
받으며 세상형편을 모르며 죽은 사람처럼 살아야 하는가.

(10) 이제는 옛 풍규를 전폐[21]하고 개명 진보하여 우리나라도 타국과 같
이 여학교를 설립하고 각각 여아들을 보내어 각항 재주를 배워[22] 후에
여중군자[23]들이 되게 하려고

- 이제는 이런 나쁜 풍습을 모두 버리고 개화해서 우리나라도 외국과 같이 여

---

20 9월 9일자 독립신문에서는 '재주와 권리와 신의가 사나이와 같기 때문이라, 어찌 아름답지 아
니한가'라고 하였다.

21 전폐(全廢): 아주 그만둠

22 9월 9일자 독립신문에서는 "재주와 규칙과 행세하는 도리를 배워 이후에 남녀가 같은 사람이
되게 하려고"라고 하였다.

23 여중군자(女中君子): 학문과 덕이 높은 여자

학교를 설립하고 여자들도 학교에 보내어 각종 재능을 배워서 후에 학문과 덕이 높은 여성군자가 되게 하려고

(11) 방장[24] 여학교를 창설하오니 유지[25]하신 우리 동포 형제 여러 여중 영웅호걸님네들은 각각 분발심을 내서 귀한 여아들을 우리 여학교에 보내시려거든[26] 곧 착명[27]하시를 바랍니다.

- 이제 여학교를 세우니 뜻있는 동지들과 여러 여성 영웅호걸님들은 모두 분발심을 내어 귀한 여자아이들을 우리 여학교에 보내시려거든 곧 이름을 올려주시기를 바랍니다.

1898년 9월 1일
여학교통문발기인[28] 리소사 김소사

---

24 방장(方將): 곧 조금 후에

25 유지(有志): 뜻이 있음

26 9월 9일자 독립신문에서는 "우리 동포 형제와 여러 부녀 중 영웅호걸님네들은 각각 분발한 마음을 내서 우리 학교 회원에 드시려 하시거든 곳 착명하시기를 바라옵나이다"라고 하였다.

27 착명(着名): 이름을 올림

28 9월 9일자 독립신문에서는 '통문고표인 리소사 김소사'라고 하였다. 일반적으로 소사(召史)는 기혼여성을 일컫는다.

이상의 여권통문 전문을 통해서 알 수 있는 것은 다음과 같다.

첫째, 1897년 10월 12일의 대한제국 선포가 중요한 계기가 되었다는 점을 알 수 있다. 대한제국을 선포한지 채 1년이 되지 않은 시점에 이러한 정치적 변화에 맞추어 여성도 남성과 동등하게 변화하는 시대에 참여해야 한다고 주장한 것이다.

둘째, 남성이 벌어주는 것만 먹으며 남성에게 억압받지 말고 여성도 남

성과 동등하게 경제적 활동을 해야 한다고 주장하였다.

셋째, 여성도 교육에 참여해서 학문과 지식을 배우고 견문을 넓혀서 남성과 동등한 권리를 가지고 아름다운 모습으로 살아야 한다고 주장하였다.

넷째, 여학교를 설립한 목적은 학문과 덕이 높은 여성군자를 기르기 위한 것임을 알 수 있다.

다섯째, 귀한 여아들을 학교에 보내라고 함으로써 여성을 귀하게 인식하는 자의식을 지니고 있음을 알 수 있다.

여섯째, 이와 같이 정치에 참여하고 경제적 자립을 하며 교육에 참여하는 큰 뜻을 가지는 여성을 영웅호걸로 인식함으로써 여성도 영웅호걸이 되고, 여성군자가 되어야 한다는 뚜렷한 남녀평등의식의 방향성을 담고 있음을 알 수 있다.

세계 여성인권선언문과 비교

여성인권운동은 여성도 남성과 함께 모든 생활 영역에서 동등한 지위와 권리를 갖기 위한 운동이다. 이는 서구의 계몽운동 시기에 자유와 평등을 중심으로 하는 개혁 사상의 대두와 함께 여성의 권리에 대한 관심으로부터 시작되었다. 여성인권선언은 서구에서 근대사회로 이행하는 시기에 나타났다. 최초의 여권선언문은 프랑스 혁명(1789년)시기에 올랭프 드 구주(Olympe de Gouges, 1748~1793)가 주장했던 '여성과 여성시민의 권리선언(Déclaration des droits de la femme et de la citoyenne)'으로부터 시작한다. 이는 여성이 배제된 남성 만의 인권선언에 여성도 포

올랭프 드 구주(좌)와
「여성과 여성시민의 권리선언」(1791)(우)

함되어야 한다고 주장한 것이다. 그러나 올랭프 드 구주는 남성들에 의해
서 '여성에 적합한 덕성을 잃어버렸고, 혁명에 제동을 걸었다'는 죄목으
로 1793년 11월 3일 사형이 선고되었다. 이 때 구즈는 "여성이 단두대에
오를 권리가 있다면 연단에 오를 권리도 있다"는 말을 남겼다. 그녀는 바
로 다음날 처형되었다. 그녀가 사형된 후 프랑스에서는 모든 여성의 집회
가 금지되었고 모든 여성단체가 해체되었다. 그러나 구즈는 세계 모든 여
성의 인권운동의 시발점이 되었다.

근대 페미니즘의 선구자이며 여성인권에 대한 초기 사상을 완성한 메
리 울스턴크래프트(Mary Wollstonecraft)는 1792년 영국에서 출간한
『여성의 권리 옹호(A Vindication of the Rights of Woman)』에서 여성
도 교육·직업·정치 등의 영역에서 남성과 똑같은 기회를 가져야 한다고
주장하였다.

미국에서는 1848년 7월 19~20일 뉴욕의 세네카 폴즈(Seneca Falls)에
서 열린 여성권리회의(Woman's Rights Convention)에서 엘리자스베스
캐디 스탠턴(Elizabeth Cady Stanton, 1815~1902)이 중심이 되어 300여
명의 여성이 결의한 '소신선언(Declaration of Sentiments)'이 있다.

일본에서는 1911년 9월 11일, 히라쓰카 라이초(平塚雷鳥, 1886~1971)가 『청탑(靑鞜)』의 창간호에서 발표한 '원시, 여성은 태양이었다(元始, 女性は太陽であった)'에서 시작하였다. 『청탑』은 일본 최초로 여성에 의해 만들어진 여성문학잡지이며, 여성운동 잡지이다. 『청탑』은 '여자를 위해, 각자의 천부적인 재능을 충분히 발휘하기 위해, 자신을 해방시키기 위한 최종목표 아래 우리 모두 최선을 다해 연구한 결과물을 발표하는 장으로 만드는 것을 목적으로' 1911년 9월에 창간하였다.

『청탑』은 당시 제국주의로 나가고 있던 일본의 국책인 양처현모 여성상에 위배된다고 하여 핍박을 받았다. 『청탑』에 관계한 여성들은 비웃음과 모욕을 담은 '신여성(new women)'으로 불리었다. 이 용어는 일본에서 1900년대 근대의 시작과 함께 새로운 여성상이 나타나면서 사용되었다. 히라쓰카는 본인 스스로 '신여성'이라는 정체성을 선언하였다. 히라쓰카는 '신여성'이란 "남자의 이기심 위에 구축된 구도덕과 구법률을 파괴할 뿐만 아니라 나날이 새로운 태양의 명덕(明德)을 갖는 심령 위에 신종교, 신도덕, 신법률이 시행되는 신왕국을 창조하는 여성"이라고 정의하였다.

우리나라를 포함하여 세계 여러나라의 최초의 여권선언문은 다음과 같은 공통점을 지닌다. 첫째, 여권선언문이 당시의 불평등한 사회역사적 배경에서 능동적인 주체가 된 여성에 의해 작성되었다는 점이다. 둘째, 이들 여권선언문은 18세기 말부터 20세기 초에 주체적인 여성의 근대적 자각에 의해 시작되었다는 점이다.

한국의 '여권통문'은 근대 여권의 3가지 요소인 직업권, 참정권, 교육권을 모두 포함하고 있다. 이 중에서 특별히 교육권을 강조하고 있는 점이 특징이다. 이 점은 서구의 여성이 남성과 동등한 참정권을 요구한 것과 다른 점이다. 일본의 여권선언문과도 차이성을 보인다. 이러한 차이점은 각 국가가 처했던 시대적 배경과 관련이 있다.

프랑스의 경우는 계몽주의 사상이, 미국의 경우는 노예제 폐지 운동이 그 배경으로 작용하였다. 일본의 경우는 메이지 유신 이후의 근대화 기획이 성공적으로 이루어져 국제적 위상이 높아지고 정치적, 경제적으로 번영과 안정을 구가하는 등 민족과 국가 건설이 안정 궤도에 들어선 다이쇼 시기를 배경으로 하여 개인주의적 방식으로 적극적으로 파괴하고 창조하는 여성의 권리선언으로 나타났다.

반면 한국의 경우는 대한제국 시기 문명개화의 근대화를 추진하면서 시작하였다. 여성의 정치참여, 경제적 자립, 교육받을 권리를 주장하며 여성도 군자가 되고 영웅호걸이 되어야 한다고 주장하였다. 이후 식민지화의 국난 극복을 동시에 추구해야 하는 시기에 독립된 자주 국가의 과제를 남성과 함께 추구하고 있었던 점이 큰 차이점이다.

이러한 여권운동의 배경에는 조선시대에 여성들이 국왕과 관료들에게 공적으로 '상언(上言)'을 올려서 정치참여를 요구하였고, 권리찾기 투쟁을 하였으며, 소유권과 재산권투쟁을 해온 경험이 축적되어 있기 때문이다. 또한 조선 후기 이후에는 여성중심의 문예공론장이 있었기 때문에 정치공론장으로 전환될 수 있었고 여성들이 독립운동을 위해 거국적으로 일어날 수 있었다.

여성이 투표권을 행사하게 된 것은 1893년 뉴질랜드, 1901년 오스트리아, 1906년 핀란드, 1913년 노르웨이에서 시작되었고, 우리나라는 1948년이었다. 그러나 진정으로 평등한 참정권이 실현된 것은 2015년 프랑스의 내각에서 여성장관이 17명, 남성장관이 17명 입성함으로써 드디어 정치적으로 남녀평등을 이루었다고 할 수 있다.

여성교육 후원단체, 찬양회의 조직

한국 최초의 여성인권을 선언한 여성들은 며칠 뒤 최초의 여성교육 후원단체인 찬양회(贊襄會)를 조직하였다. '여학교설시찬양회'가 정식명칭인 찬양회는 한국 최초의 여성운동단체이기도 하다.

찬양회의 회장은 양성당 이씨, 부회장은 양현당 김씨였으며, 그밖에 총무원, 사무원, 찬성원 등으로 구성되었다. 또한 윤치호, 장지연 등의 독립협회 인사들을 자문위원으로 선임하였다.

회장인 이양성당은 북촌에 살았는데 당시의 북촌은 종묘사직과 궁궐을 중심으로 한 곳으로 예로부터 왕족이나 고위 관직자들과 양반이 많이 살았던 주거지역이다. 이양성당은 왕실의 종친인 참위(參尉) 이재룡의 아내로 연설에 능하고 근대 학문을 배운 남자보다도 식견이 높았다고 알려져 있다.

김양현당은 평양 출신으로 자녀도 없이 남편과 일찍 사별하여 혼자 살다가 1898년 이전에 서울에 와서 북촌 양반층 부인들과 교류를 가졌다. 그녀는 성격이 온유하고 정직하며 예의 바르고 학문적 소양과 선각적 개화지식을 지닌 여성으로 알려져 있다. 찬양회가 관립여학교의 설립을 강하게 주장한 것은 이들의 거주지역이나 사회적 신분과 무관하지 않았다.

찬양회의 회원은 신분과 직업에 상관없이 여학교를 운영할 회비를 내면 누구나 될 수 있었다. 창설 당시 회원수는 400여 명이었고, 회원은 여성이 대부분이었지만 남성과 외국여성도 있었다.

찬양회는 관립여학교 설립운동에 힘을 기울였다. 1898년 10월 11일에 회원 100여 명은 경복궁 앞으로 나아가 고종에게 직접 관립여학교 설립을 청원하는 상소문을 올렸다. 고종은 즉시 답을 내려 적절한 조치를 약속하였고, 여학교 설립은 곧 실현되는 듯 하였다. 예산도 편성하고 관제(官制)도 제정하였다. 관제의 제1조는 '여학교는 계집아이의 신체발달과 살림에 반드시 필요한 보통지식과 재조(재능)를 가르치는 것으로 본뜻을 삼는다. 제7조에서는 학생의 연령을 9살 이상 15살까지로 하였다. 그러나 재정부족을 내세운 학부(學部)의 반대로 관립여학교 설립계획은 진전이 없었다. 정부의 미온적인 태도에 찬양회는 직접 여학교를 세우기로 하였다.

1898년 12월에 신입생을 모집하였고, 1899년 2월 26일에 서울 승동의 느릿골에서 7세~13세의 정원 30명의 여학생을 모아 초등과정의 순성여학교를 열었다. 순성여학교는 한국인이 설립한 최초의 여학교이다.

초기 순성여학교 학생들의 교육과정으로는 『천자문』, 『동몽선습』, 『태서신사(泰西新史)』 등을 가르쳤다. 이를 보면 순성여학교에서는 초보적인 한문교육부터 한국과 중국, 서양의 역사를 가르침으로써 세계의 역사에 대한 이해를 도왔다. 이는 한국 근대 여성 지도자 양성의 기본방향이 되었다. 교사들은 모두 학식있는 한국 여성들이었고, 월급을 받지 않고 일하겠다고 온 서양 부인도 한 명이 있었다. 특히 총무 고씨는 러시아와 청나라에서 수학하고 온 박식한 여성으로, 독립신문은 그녀를 가리켜 여중호걸이라 칭하기도 했다.

찬양회는 여학교 설립운동과 더불어 여성계몽을 위한 사업으로 일요일

마다 정기집회를 개최하고 연설회와 토론회를 열었다. 주요 주제는 여성의 의식개혁과 여성교육의 필요성을 알리는 것이었는데, 회원이 아닌 여성도 많이 참여할 정도로 성황을 이루었다.

찬양회는 조직 후의 활동 방향을 대체로 네 가지로 설정하였다. 첫째는 여아교육을 위한 사립학교인 순성여학교를 설립하는 것이다. 둘째는 회원의 자질 향상을 위한 강연회와 토론회를 개최하여 계몽운동을 하는 것이다. 셋째는 관립 여학교 설립을 정부에 건의하는 것이다. 넷째는 자주적 민권 확립을 위한 정치적 운동에 참여하는 것이다.

자발적으로 처음으로 여학교를 설립했다는 것에 대한 찬양회 회원들의 자긍심은 대단했다. 그런 사실은 순성학교에서 불려졌던 '애국가'의 가사에서도 나타난다.

> 삼천리 넓은 강토 이천만중 많은 동포
> 순성학교 찬양회의 애국가를 들어보오
> 단군 기자 기천년에 부인협회 처음일세
> 처음일세 처음일세 여학교가 처음일세

찬양회는 독립협회가 주관한 만민공동회에 참여하였다. 그러나 수구파들이 '독립협회는 황제를 폐하고 공화정을 수립하려는 것'이라고 모함하여 독립협회 회원이 체포되고 해산되었다.

순성여학교 교장인 양현당 김씨는 1903년 사망하기까지 사재를 털어 여성교육에 진력하였다.[1] 임종할 때 유언으로 "내가 일개 여자로 우리 대한 여자를 외국과 같이 문명 교육하기를 주야로 천지신명께 축수하였더니 불행히 잔명이 길지 않아 구천에 돌아가니 지극히 원통한 한은 내가 죽은 뒤에 학도를 누가 교육할고"라고 남길 정도로 학교 운영에 전력을 다했다. 찬양회 회원들이 회비를 모아 건립한 순성여학교는 늘상 운영비 부족으로 허덕여야 했다. 여학생들은 의지할 곳 없는 처지에 있는 이들이 많아 학비를 제대로 낼 수 없었다. 찬양회회원들의 회비와 찬조금, 교장의 사재를 모아 봐도 학교운영은 힘들기만 하였다. 1903년 자현당 이씨가 제2대 교장으로 취임하였다. 그러나 학교는 지탱하기 힘든 상황이었다. 1905년 12월 24일부터 31일까지 『대한매일신보』에 실린 "교장 이신원(자현당 이씨)이 사무원 한계창씨의 이론으로 교장직을 자퇴한다"는 광고를 끝으로 순성여학교에 대한 기사는 신문에 더 이상 나타나지 않게 되었다.

여학교는 당시 몇 곳이 있었으나 모두 기독교 계통의 외국인이 세운 것이었다. 또 한성사범학교, 외국어학교, 법관 양성소 등의 관립학교도 있었으나 이는 모두 남학교였다.

순성여학교가 정부의 비협조로 폐교되었지만 여권통문의 정신은 여학교 설립과 여자교육회, 진명부인회 등으로 이어졌다.

1905년 이후 일제의 침략이 가속화되자 국운을 회복하여 자주독립국가를 세우려는 저항적 민족운동이 의병항쟁과 함께 애국계몽운동으로 추진되었다. 그리하여 여학교가 곳곳에 설립되었다. 1906년 11월 1일에 여자교육회가 설립되었다. 1907년 4월에 신소당을 중심으로 양규의숙을 진흥시키기 위해 '진명부인회'가 발족하였다. 양규의숙(養閨義塾)은 현모양처를 양성하기 위해 한성 새문 밖의 진학주(秦學宵) 집에 설립한 여학교였다. 진명부인회는 검소하고 절약하는 모범적인 여성을 양성하기 위해 여성교육운동을 펼쳤다. 여성의 경제적인 자립을 도모해 주었고, 장학기금을 마련하여 학비를 지원하며 민족운동과 여성운동을 적극적으로 추진하였다. 1907년 1월 대구에서 시작된 국채보상운동이 전국으로 확대되고 있을 때 신소당은 대안동 자신의 집에 대안동국채보상부인회를 조직하여 여성계 국채보상운동의 총본부로 삼았다.

여권통문에서 주장한 '교육받을 권리'는 여성들이 여학교에 입학하여 교육을 받는 것 뿐 아니라 외국에 유학을 가고, 학교를 세우고, 학생들을 가르치는 권리도 포함하여 확장시킬 수 있었다. '직업을 가질 권리'는 여교사, 여교수, 여의사, 여류화가, 간호사 뿐 아니라 여러 사회단체에서 회장, 부회장, 총무 등의 직함을 가지고 적극적인 사회활동을 한 것도 포함이 된다. '정치에 참여할 권리'도 당시의 정세로 볼 때 의병활동을 포함하여 구국운동과 독립운동에 여성들이 적극적으로 참여한 것을 포함한다. 이는 여권통문에서 '여성도 남성과 동등하다'는 여성들의 주체적인 자각을 실천한 것이기 때문이다. **강영경**

주

1 순성여학교 교장인 양현당 김씨와 정선(貞善)여학교 교장인 양현당 김씨는 같은 인물로 보아야 할 것 같다. 정선여학교 교장인 양현당 김씨는 1897년에 사재를 들여 한성에 정선여학교를 설립하였다. 이는 한성에 설립된 첫 여성교육기관이었다. 양현당 김씨가 교장이 되어 여학생을 모집하고 국문·한문·산술·침선 등의 과목으로 근대적인 신교육을 실시하였다. 입학한 학생 중 의지할 곳이 없는 학생은 먹여주면서까지 여성교육에 열성이었다. 이는 승동에 위치하고 있어 승동여학교 라고도 불렀다. 1901년 8월에 학교운영자금이 부족해 교사를 일본인에게 담보로 빌렸는데 이를 갚지 못해 그 일본인이 학교를 닫고 학생들을 내쫓았다. 이에 교장 김씨는 여학생들을 데리고 학부(學部)로 가서 항의하여 1902년에 교사를 계동에 있는 공청(公廳, 관청)으로 옮겼다. 이때 황실에서 운영비로 1만냥을 지원하였다. 양현당 김씨는 1903년 3월에 사망하였다.

1장

여성의 교육권을 실천한 여성

1. 한국 최초의 미국 학사학위 취득, 김란사

　김란사(金蘭史, 1872.09.01.~1919.3.10.)는 한국여성 최초로 미국의 웨슬리안 대학에서 문학학사 학위를 받았다. 이는 한국 뿐 아니라 동양 여성 중에서도 처음이었다. 김란사에게는 '최초'의 수식어가 많이 붙는다. 이화학당 최초의 기혼여성 학생이었고, 최초로 학비를 내고 공부하였다. 자비로 일본유학도 하였고, 자비로 미국유학도 하였다. 이는 그녀가 돈이 많아서가 아니고 무엇으로도 꺾을 수 없는 강렬한 향학열을 지니고 있었기 때문이었다.

　김란사는 이 외에도 이화학당의 첫 한국인 여성교수였으며, 한국 최초의 여성연설가이기도 하다. 미국에서 열린 세계 감리교 총회에 첫 한국여성 평신도대표로 참석하였고, 한국 최초로 파이프오르간을 정동교회에 설치한 선교사이기도 하다.

　여권통문이 발표된 1898년에 김란사는 미국 워싱턴의 하워드(Howard) 대학에서 신학 공부를 하고 있었다. 그녀는 이화학당을 다니고 일본의 경응의숙에 유학을 했으며 미국에도 유학을 감으로써 여권통문에서 주장한 여성교육권을 실천했던 선구자였다.

'김란사' 이름찾기

그동안 김란사는 미국에 유학할 때 출입국심사의 기록에 남편인 하상기(河相驥)의 성을 따라 '하란사'로 기록되면서 그동안 하란사로 알려져 왔었다. 그러나 하상기의 제적등본에 '김란사(金蘭史)'로 되어 있는 사실을 그녀의 친정 조카손자인 김용택씨가 2016년에 발견하였다. 이에 따라 2018년 국가보훈처에서 이전에 등록한 '하란사'를 고쳐서 '김란사'로 정정하였다. 이로써 김란사는 정식으로 한국식 이름을 되찾게 되었다.

성장배경

김란사는 1872년 9월 1일 평안남도 안주에서 태어났다. 그녀의 아버지 김병훈은 청나라와 조선의 비단과 옷감을 무역하는 포목상인이었다. 어머니는 이씨부인으로만 알려져 있고, 1남1녀 중 장녀로 성장하였다.

그녀가 2살 때(1873년) 서울 평동 32번지(현재의 강북 삼성병원 부근)로 이사하였다. 이 후 아버지는 종로에서 객주업을 하였다. 객주는 행상과 보부상의 물건을 위탁받아 팔아주고, 매매를 주선하면서 판매자와 매입자의 양쪽에서 수수료(口錢, 口文이라고도 한다)를 받는 위탁매매인이다. 김란사의 집은 상인들이 드나들어 국내외의 소식을 들을 수 있었다.

김란사는 부모에게서 한학을 배웠다고 한다. 그녀는 하상기와 결혼하여 1891년 12월에 딸 하원옥(河媛玉)을 출산하였다. 하상기는 부인 조씨와 사이에 1남 3녀를 낳았고, 부인과 사별한 후에 김란사와 재혼하였다.

시대적 배경

19세기 후반 동아시아의 정세는 서양 열강의 제국주의적인 침략으로 기존의 유교적 체제가 무너지고 새로운 문명의 기운이 요동치는 혼란기였다. 일본은 메이지유신 이후 근대화를 이루며 제국주의적 대외진출을 도모하고 있었다. 조선은 1876년 일본과 강화도조약을 맺으며 부산·인천·원산의 항구를 열었다. 이에 청은 일본을 견제하기 위해 조선이 서양의 여러 나라들과 조약을 맺도록 주선하였고 조선은 서양의 열강들과 차례로 수호통상조약을 맺었다.

1894년 5월에 일어난 청일전쟁은 개화노선의 일본과 유교사상이 지배하는 청이 우리나라 영토에서 맞서는 싸움이었다. 여기에서 승리한 일본은 동아시아에서 중국중심의 질서체제를 끝내고 패자(霸者)가 되어 동양 역사상 획기적인 변화를 만들었다.

이 시기 조선 여성들의 생활상은 영국의 여성 탐험가인 비숍(Isabella Bishop, 1831~1904)이 1898년에 저술한 『Korea and her Neighbours』를 통하여 서양에 알려졌다. '조선의 여성들은 엄격하게 사회와 격리되어 있었고, 이름도 없으며, 공인된 축첩제도 속에서 결혼한 아내는 남편의 사랑이 첩의 차지가 되어 이 모든 것을 운명으로 안고 살아가는 것'으로 알려졌다. 조선인이 흰옷을 입는 한 부녀자는 빨래의 노예로 산다고도 했다. 이는 서양인들이 조선을 이해하는 지침서가 되었고, 서양 기독교인이 교육과 전도사업을 하는 계기가 되었다.

선구자적인 교육열

　김란사는 청일전쟁에서 작은 일본이 큰 중국과 전쟁을 해서 승리한 것을 듣고 그 원인이 궁금하여 물어보았다. 일본국민의 '자각과 교육이 발달한 것'이라 듣고 깊은 수심에 잠겼다. 남편이 그 이유를 묻고 이화학당에 입학시켰다고 한다.[1]

　김란사가 이화학당에 어렵게 들어가는 과정을 당시 교장인 프레이(Lulu E. Frey, 1868~1921)의 보고서를 통해 알 수 있다.

> 프레이는 그녀가 기혼이라는 이유로 입학을 거절하였다. 김란사가 직접 찾아와서 부탁을 하자, 이번에는 기숙사에 빈방이 없다고 하였다. 그녀는 단지 그것 한가지라면 문제가 아니라고 대답하였다. 또 종을 데리고 있을 수도 없다고 하자, 그녀는 '나의 일은 이 두 손으로 하겠다'고 하였다. 음식이 입에 맞을지도 모르겠다고 하니, '공부하고 싶은 사람이 그런 것에 신경을 쓰겠는가?'라고 하였다. 그리하여 왜 당신 같은 환경에서 자기비용을 지불하며 소녀들과 똑같이 순종하면서 여기에 오기를 원하는지 알 수 없다고 하였다. 그러자 그녀는 등을 들고 있는 종을 향해 돌아서더니, "우리나라는 저 등불같이 매우 어둡습니다. 어머니들이 배우고 알아서 자식을 가르칠 수 있게 될 때까지 무엇을 어떻게 할 수 있겠습니까?"라고 물으면서 입학시켜 줄 것을 고집했다. 우리는 그런 목적을 가진 여인을 돌려보낼 수 없었다. 그녀는 우리의 첫 인터뷰에서 그녀가 바라는 것이 무엇인지를 보여주었다.

　이를 보면 김란사는 나라의 앞날이 마치 캄캄한 밤의 희미한 등불처럼 위태로운 시기에 나라를 구하기 위해서 어머니들이 배워서 자녀들을 가르쳐야 한다는 자각을 하였고, 무엇으로도 막을 수 없는 열정적인 향학열을 지니고 있음을 알 수 있다. 아버지가 무역업을 한 까닭에 김란사는 세계의 정세를 비교적 가까이 느낄 수 있었고, 스스로 나라를 밝히는 등불이 되고자 학비를 내면서 어렵게 입학허가를 받았다. 김란사가 이화학당에 입학한 것은 남편의 지지와 후원이 있었지만 그보다 더 중요한 것은 그녀의 교육에 대한 집념과 열정이 있었기에 가능하였다. 김란사는 스스로의 자각으로 교육을 받고자 하는 강렬한 의욕과 과단성 있는 행동력을 지니고 있었다.

자비로 일본에 유학

김란사는 23세인 1895년 3월에 일본 경응의숙(慶應義塾)에 자비로 유학하였다. 그런데 2개월 후 조선정부의 시책에 따라 100여 명 규모의 관비유학생이 경응의숙에 왔다. 김란사는 당시 학부대신(學部大臣)인 이완용에게 자신도 이들 관비유학생과 같은 대우를 받기 원한다고 청원하였다. 이완용은 그녀의 공부하고자 하는 뜻을 거절할 수 없었고, 그녀는 5월 2일에 '위탁유학생 학적부'에 등록되어 관비유학생에 준하는 편의와 대우를 받았다.

경응의숙은 후쿠자와 유키치(福澤諭吉, 1835~1901)가 세운 것으로 그는 일본 근대화의 전형을 제시하였고 근대일본을 상징하는 대표적인 인물이다. 봉건시대 타파와 서구문명의 도입을 주장하는 계몽사상가로서 자유주의와 합리주의를 선호하였고 일본이 근대화로 나아가는데 큰 역할을 하였다. 그는 당시 일본의 국가주의적이고 권위주의적인 것을 배격하고 자유로운 분위기를 조성하며 개인의 발달을 중요시하였다. 김란사가 경응의숙을 선택한 것은 그녀가 우리나라의 근대화를 위해 새로운 학문을 자유롭게 배우고자 하였음을 알 수 있다.

1896년 1월 6일에 주일조선공사관 안에서 찍은 '대조선인 일본유학생 친목회' 사진 속에 김란사가 있다. 이들 관비유학생 속에 남편 하상기와 함께 한복을 입은 유일한 여학생이 있는데 그녀가 김란사이다. 당시 양반의 자제로 구성된 관비유학생 114명 중 유일한 최초의 여학생이었다.

이곳에 1년 정도 유학한 후에 귀국하여 정동교회에서 활동하였다. 서재필이 정동교회에서 '미국의 남녀평등한 활동'이란 강연을 하였는데 김란사는 이를 듣고 크게 감동을 받아 미국으로 유학할 결심을 하였다. 서재필은 남녀평등과 여성 해방을 주장한 개화파 지성인이었다. 또한 김란사는 이화학당에서 미국인 여선교사의 생활을 가까이에서 보며 용기를 내어 과감하게 미국으로 유학을 떠났다.

자비로 미국유학

26세인 1897년 12월 15일에 남편 하상기와 함께 요코하마를 경유하여 샌프란시스코 항에 도착하였다. 자비유학생 신분으로 갔지만 수중에는 30불을 소지하고 있었다. 1897~8년에는 워싱턴D.C.에 있는 하워드대학에서 신학공부를 하였다. 또 1899년에는 워싱턴D.C.에 있는 데코네스

미국 웨슬리언대학에 다니던 때의 김란사
(출처: 이화여자대학교 이화역사관)

트레이닝 스쿨(Deaconess Training School)에서 약 1년간 재학하였다. 1900년에는 미국 아이오와주의 웨슬리언(Wesleyan) 대학에 입학하여 문학과정을 선택하였다. 이곳에서 김란사의 재학 중 주소는 서울이며 거주지는 기숙사인 모네트홀이었다.

웨슬리언대학은 영국과 미국에서 감리교운동을 시작한 존 웨슬리의 정신을 이어 1842년에 설립되었다. 그는 '내면에 하나님의 사랑이 깊게 자리한다면 이를 표출하여 사회적 성화(聖化)를 이루어야 한다'고 주장하였다. 이곳은 교양교육으로 유명한 대학이다.

당시에는 웨슬리언 대학에 전공학과가 없었고 그녀는 주로 영어로 읽는 성경 과목에 집중하였다. 1900~1902년까지는 예비과정을 3년간 이수하고 영어 등 충분한 교육능력을 인정받은 후에 정식 학부과정에 들어갔다. 1903년에는 1학년으로 과학전공과정을 이수하였고, 1904~5년의 2년 동안 김란사는 문학 전공과정을 이수하였다. 이곳의 문학과정에서는 문학·역사·철학·성경의 과학적 탐구를 강조하였다. 또 수학·자연과학·심리학·예술사·고급 수사학을 이수해야 한다. 또 라틴어·그리스어·독일어·불어 중 필수로 2과목을 이수하고, 1과목은 더 선택할 수 있다. 총 110 단위를 이수해야 학사학위를 취득할 수 있다. 김란사가 이수한 과목이 정확하게 밝혀지지는 않았으나 이러한 과정을 충실하게 이수하였던 것으로 보인다. 웨슬리언대학에 입학하여 언어의 장벽과 경제적 제약과 인종차별 속에서 즐거움과 함께 괴로움도 있었으나 그녀는 낙심하지 않고 정규과정을 이수하였다. 또 가난한 학생을 도우며 결국 우리나라 최초의 미국 문학사 학위를 받고 귀국하였다.[2]

웨슬리안대학은 이화학당 교장인 프라이 선교사의 모교이기도 하다. 김란사는 자비로 유학하였지만 유학경비가 충분하지는 못했던 것 같다. 1901년 주미공사 조민희가 한국정부에 미국유학생들의 학비와 식비 지급을 간절하게 요청하였는데, 그 명단에 하란사의 이름도 있었다.

웨슬리언대학에서 그녀를 가르친 넬슨(Clara A. Nelson)교수는 김란사가 '6년 동안 행복하게 지냈고, 신앙심이 깊었으며 부드럽고 겸손하며 인품이 좋고 많은 매력을 가져 친구들이 많았다'고 회고하였다. 또한 그녀가 러일전쟁 동안 '전쟁결과와 나라에 미칠 영향에 대해 깊은 관심을 가졌고 매우 열렬한 애국자였으며 한국의 독립을 위해서 기도하였다'고 했다. 김란사가 웨슬리언대학의 모든 과정을 끝내는 것은 쉽지 않았으나 잘 적응하고 우리나라의 근대화를 위해 끝내 문학사 학위를 받았다.

김란사는 매주 1회 모이는 해외선교학생자원봉사단(Student Volunteer Band for Foreign Missions)에서도 활동하였다. 해외선교사들의 경험과 소식을 들으며 세계에 대한 안목도 넓어졌으리라 생각된다.

당시 웨슬리언대학에서 함께 유학한 학생은 윤치호, 김규식과 왕세자 이강(李堈, 1877~1955) 등이 있었다. 이강은 고종의 다섯째아들이며 1895년 8월에 특파 대사 자격으로 영국·독일·러시아·이탈리아·프랑스·오스트리아 등을 차례로 방문하였고 1900년 미국으로 유학하여 웨슬리언

대학교의 특별과에 입학하였다. 이강은 김란사와 같은 시기에 이곳에서 대학생활을 하였다. 그는 미국 유학 중인 1900년 8월에 의친왕으로 봉하여졌고, 김란사보다 1년 빠르게 1905년 4월에 귀국하였다. 김란사는 당시의 한국 유학생 17명 중 유일한 여성이었다.

김란사는 35세 때인 1906년에 웨슬리안 대학에서 문학사 학위를 취득하였다. 영문학을 전공한 김란사는 'Bachelor of Arts'를 받았다. 이는 한국여성으로 첫 영문학 전공의 문학학사를 받은 것이었고, 동양 여성으로서도 처음이었다. 학위를 받은 후 김란사는 1906년 7월 28일 요코하마로 마중을 온 남편과 함께 귀국하였다.

기독교 선교운동

김란사는 귀국 후 남대문에 있는 상동(尙洞)교회에서 부인들에게 영어와 성경을 가르치며 전도부인을 양성하였다. 상동교회는 한국 감리교 최초의 의료선교사인 목사 스크랜턴이 1888년에 남대문 근처에 병원과 약국을 차려 의료선교와 복음선교를 겸하면서 시작되었다. 김란사는 기독교 신앙인으로서 성경의 본원적인 이해를 위해 그리고 영어를 이해하고 미국과 서양을 알리기 위해 부인성경학교를 만들어 성경과 영어를 교육하였다.[3]

이곳에는 궁중의 여인, 고관의 첩, 과부, 기생, 기혼여성들이 들어왔다. 김란사는 이들을 신여성으로 인도하였다.[4] 이 시기에 그녀는 정부가 세운 학교에서 더 높은 보수를 제안하는데도 마다하고 전도부인과 신여성

미국 웨슬리안 대학에 유학중의 김란사
(뒷줄 왼쪽에서 세 번째)
(출처: 한국콘텐츠진흥원)

을 양성하였다. 또한 서울 근교의 9개 교회에 정기적으로 참석하여 전도 사업에 힘썼다. 1913년에는 정동교회 보호여회(Ladies Aid Society, 여선교회)의 회장이 되어 은퇴한 전도부인을 위해 양로금을 지급하였다. 이 시기에 그녀는 여성교육, 여성계몽, 여성선교활동을 자신이 가진 능력과 열정을 바쳐서 했다. 김란사가 신여성 교육에 열정을 쏟아 남편이 하인을 보내 끼니를 챙겨줄 정도였다고 한다.

1905년 7월 29일 미국과 일본은 가쓰라 태프트 밀약을 맺어 미국은 필리핀을, 일본은 대한제국의 지배를 인정한다는 비밀협약을 맺었다. 이후 일본은 우리나라에 대한 식민지화를 노골적으로 추진하였고 그 해 11월 17일에 을사조약을 맺었다.

상동교회는 을사조약에 대하여 반대운동을 하였고, 1907년에는 이곳 지하실에서 헤이그 특사의 모의가 이루어졌다. 또한 이곳에서 신민회(新

民會)가 조직되어 교육을 통한 독립운
동이 전개되었다.

　의친왕과 같은 대학에 유학한 인연
으로 김란사는 고종의 통역을 담당하고
고종과 엄귀비(嚴貴妃, 1854.12.26.~
1911.7.20)의 자문에 응하며 '조선이
독립하려면 일본을 멀리하고 미국과
친해야 한다'고 주장하였다. 또한 김란
사는 엄귀비에게 여러 가지 제안을 했
다. '사숙(私塾)을 폐지하고 근대적인
학교를 많이 세워야 한다'고 하였다.

고종에게 통역해 주기 위해 궁에 들어가던
시기의 모습 (출처: 한국콘텐츠진흥원)

엄귀비가 1906년 여성인재 양성을 위해 진명여학교를 창설하고, 숙명여
학교의 전신인 명신(明新)여학교를 세울 때 김란사가 도왔다. 왕실과 연
결된 이 시기에 김란사는 양장차림을 한 우아하고 기품이 있는 여인의 모
습이었다.

　진명부인회가 1907년에 주최한 집회에서 김란사는 최초의 여류연사로
여성교육의 필요성을 역설하였다. 진명부인회는 여성들이 주축이 되어 여
성교육과 여공(女工)의 양성을 위해 설립한 여성단체로 검소하고 절약하는
여성상을 교육하였다. 총재는 엄귀비였고, 부총재는 김란사가 맡았다.

　1907년 5월 남산에서 여학교들의 연합 야외행사가 열렸는데 9개교에
서 250여 명이 참가한 자리에서 김란사는 대표연설을 하였다. 1908년에
는 여학교 연합운동회가 4번이나 열렸는데 이 운동회를 통해 김란사는
여학생들에게 민족의 단결과 자주정신을 고취시키는 연설을 하였다.

1908년 8월 상류층 고관의 부인들이 자혜부인회(慈惠婦人會)를 결성하고 경성고아원을 후원하는 등 각종 자선사업을 하였는데 자혜부인회가 주최한 집회에서 김윤식, 유길준과 함께 김란사도 연설하였다. 남성들과 동등하게 대중연설을 한 위치에 김란사가 있었다.

1909년 4월 28일 경희궁에서 대한부인회, 자혜부인회, 한일부인회와 서울 시내 각 여자학교가 연합하여 개최한 환영회가 열렸다. 고종이 박에스더와 윤정원과 함께 김란사에게 은장(銀章)을 수여하였다. 이 때 모인 환영인파가 700여 명이었다. 이 자리에는 고종, 순종, 조정 관료, 사회 유지들이 부인을 동반하고 참석하였다. 외국인 선교사도 초청되었고 유성준, 지석영, 최병헌 등 남성지식인들이 차례로 환영연설을 하였다. 이어서 세 여성의 답사(答辭)가 이어졌고, 음악연주와 여학생들의 축가에 이어 다과잔치가 있었다. 여성지식인을 위한 환영회가 궁궐에서 열렸고, 이 행사에 각계 인사가 참가한 것은 사회적으로 여성지식인을 인정하고 여성고등교육을 장려한다는 의미를 지니고 있다.

1909년 6월 김란사, 김인숙, 이옥경 등의 발기로 관·사립 각 여학교가 연합하여 '여자장학회'를 조직하였다. 회장에 여메례, 부회장에 윤정원, 총무에 김란사가 선임되었다. 여자장학회의 조직은 한국 여성의 힘으로 여성인재를 양성하기 위해 조직적으로 기금을 마련하고 지원하는 체계를 갖추었다는데 의의가 있다.

이화학당 교장 프라이는 이러한 사회의 변화를 보면서 이듬해인 1910년 9월에 시기상조라는 주위의 반대에도 불구하고 이화학당에 대학과를 설치하여 여성고등교육을 추진했다. 김란사는 이화학당 대학과에서 유일한 한국인 여교수가 되어 영어와 성경을 가르쳤다. 또 총교사(교감)가 되고 초대 기숙사 사감이 되었다. 그녀는 학생들에게 교과목 뿐 아니라 절도 있는 생활습관과 정결한 생활, 그리고 위생적인 생활도 가르쳤다. 그녀는 학생들을 위하여 학교의 생활환경을 개선하는데 노력하였고, 학생과 학교를 위해 최선을 다하였다.

기숙사 사감의 직책을 맡은 김란사는 '호랑이 어머니'라고 불릴 만큼 학생생활지도에 매우 엄격했다. 특히 단체생활에서 지켜야 할 규범을 강조했다. 학생들에게 학교를 졸업할 때까지는 남자친구를 만들지 말라는 충고도 하였다. 그녀는 기숙사생들의 건강을 염려하고 배려하였으며, 약한 학생에게는 자상하고 융통성 있게 돌봐주었다. 제자들은 이와 같이 김란사가 엄격했던 것은 서양에 비해 한국이 뒤떨어진 것이 무엇이며 그 원인이 무엇인지 잘 파악하고 있었기 때문에 학생들에게 엄격할 수 밖에 없었다고 회상했다. '선생님이 제일 엄격하고 무서웠는데 우리나라 여성교육이 너무도 유치한 것을 안타까워했습니다. 외국선생들이 우리를 업수이 여기는 언사가 있을 때는 선생님이 항의를 했습니다.'고 하였다. 학생을 엄하게 대해 무서운 선생님이라는 평가를 받았지만 김란사는 선구자로서의 사명의식을 가지고 여성교육을 이끌었다. 학생을 바른길로 이끄는 인도자였으며 믿음직한 보호자이기도 하였다. 미국인선교사의 차별이나 오해와 편견에는 적극적으로 항의할 만큼 당당했고 민족의식도 뚜렷했다. 김란사는 이화학당에서 자모회를 구성해 육아교실을 운영하였고, 가정의학과 육아법을 지도하였으며 여성의 자각을 촉구하며 계몽하는 강연을 하였다.

한일합방 이후에 김란사는 학생들에게 '꺼진 등에 불을 밝히라'고 가르쳤다. 이화학당 내의 학생자치조직이며 항일단체인 이문회(以文會)를 조직하여 지도교사가 되었다. 이문회는 1달에 세 번 매주 금요일에 모여 연설문을 지어 서로 발표하며 발표력을 키우고 토론하였다. 김란사는 이문회를 조직적이고 민주적인 생각과 행동을 할 수 있는 애국적인 인재를 배출하기 위한 모임으로 이끌었다. 또한 창작활동도 하고 피아노 연주와 합창도 하였다. 1909년에는 외부인사를 초청해 공개발표도 했다. 이문회 회원들은 이러한 활동을 통해서 교내외의 인사와 선후배 간의 교류가 활발하였고 사회적 인식이 확대되었다.

김란사는 수업이 없는 일요일에는 매일학교(상동교회 내의 공옥소학교), 애오개여학교(중앙여중고, 추계예술대), 종로여학교, 동대문여학교(동구여상), 동막여학교, 서강여학교, 왕십리여학교, 용머리여학교, 한강여학교(상명여중고, 대학교)에서 자모들에게 한글과 육아를 지도하기도 하였다.

영문으로 발간되는 선교잡지인 『THE KOREA MISSION FIELD』 1911년 7월호에 윤치호가 '여성교육은 요리와 살림에 서툴고 시어머니에게 반항이나 하는 여성을 만들어냈다'고 기고하였다. 이에 대해 김란사는 같은 잡지 12월호에, 'A PROTEST(항의)'라는 제목으로 '미국이나 유럽에서는 정규 고등학교 졸업생이 그저 요리나 바느질이나 하는 법을 알게 되기를 바라지 않는다. 학교의 목적과 방향은 요리사나 간호원, 침모(針母)를 배출하는 것이 아니다. 슬기로운 어머니, 충실한 아내, 개화된 가정주부가 될 수 있는 신여성(New type of woman)을 배출하는 것'이라고 하였다. 시어머니에게 순종하지 않는다는 평판은 미신을 강요하는 시어머니로부터 자신과 신앙을 지키기 위해서 불가피한 경우라고 했다. 당대 최고의 지식인이자 명망가이고 기독교계 지도자인 윤치호의 봉건적 여성관에 항의하여 김란사가 신문지면을 통해 공개적으로 반박한 것은 자신의 여성관에 대한 확고한 신념과 남성과 동등한 여성의 의식을 용기 있게 보여준 것이었다.

1912년 4월 12일 매일신보에는 '일제가 김란사의 신분과 이력을 조사 중'이라는 기사가 실렸다. 이 즈음에 김란사는 일제의 요시찰 인물이 되어 있었음을 알 수 있다. 이 해에 이화학당 3학년으로 재학 중인 딸 하원옥이 18세에 폐병으로 사망하였다. 이러한 슬픔 속에서도 1912년 경 서울에 있는 이화학당의 부속학교가 46개교 였으며, 김란사가 이끄는 이문회 회원들이 부속학교의 학생들을 지도하면서 이곳의 학생들에게도 민족의식에 큰 자극을 주었다.

재미동포들의 민족애 상징, 정동교회 파이프오르간

김란사는 1916년에 미국 뉴욕주의 사라토가에서 열린 세계감리교총회에 신흥우와 함께 한국교회의 첫 평신도 여성대표로 참석하였다.

신흥우는 당시 기독교계의 대표적인 청년지도자였는데 김란사는 이와 동등한 여성지도자의 위상을 가지고 있었음을 보여준다. 총회 참석 후에는 실용주의적 순수학문을 중시하는 시카고대학교의 신학전문과에서 수학하였다. 이후 12월 7일부터 21일까지 재미동포에게 순회강연을 하면서 독립사상을 고취하고 애국운동에 참여할 것을 호소하였다. 더불어서 고국의 동포들이 아름답고 은혜가 충만한 예배를 볼 수 있도록 고국에 파이프오르간을 보내기 위한 모금을 하였다. 김란사가 먼저 100불을 기부하였고, 안창호도 동포에게 협조를 바라는 편지를 보내주어 자금을 모았다. 안창호는 김란사를 '나라와 동포를 생각하는 사람이고, 신뢰할 수 있으며, 도와줘야 하는 사람'으로 소개하였다.

악기 구입비가 2500불이고, 운임비와 설치비가 2500불이었다. 운반비, 보험비, 해관세 등이 부족하여 김란사는 마지막 기부를 호소하는 글을 1917.9.20.일자 『신한민보』에 실었다.

> 외국인의 도움을 얻기에 어려움은 없으나 이는 결단코 원치 않는 일입니다. 이 오르간은 우리의 성력으로 거의 되어가는 일이니 여기에 외국인의 명의를 섞는 것은 불가할 뿐더러 이 오르간을 보내는 자는 재미 형제자매가 되고 이를 받는 자는 내지(內地, 한국)의 형제자매가 되어, 태평양의 동서에 갈라져 있는 형제자매의 깊은 인연을 맺는 물건을 만들 것으로 생각하기 때문입니다.

김란사가 미국에서 유학을 하고 미국선교사들의 도움을 받았지만 한국인으로서의 민족의식과 정체성이 뚜렷하였음을 보여준다. 이리하여 재미동포들의 정성과 신앙심 그리고 조국독립의 열망을 안고 수많은 사람들의 성금이 모였다. 여기에는 김란사의 나라사랑과 민족애가 녹아있고 민족의 독립을 염원하는 동포들의 애국심이 담겨있었다. 이런 과정을 거쳐 서울의 정동교회에 설치한 파이프오르간은 재미교포들의 힘으로 마련한 태평양을 건너온 동포애의 상징이었다.

김란사가 세계감리교 총회에 참석차 미국에 가있는 동안 이화학당의 학생들은 그녀가 돌아오기를 기다렸다. 이 시기 선교사가 쓴 보고서에는 김란사에 대하여 다음과 같은 기록이 있다.

그녀가 돌아온 후 기숙사와 예배당, 쌀통에서부터 신발장에 이르기까지 모든 생활에 크고 작은 개혁을 하였다. 김란사는 보수와 개화가 갈등하는 과도기를 사는 소녀들의 고민과 문제를 의논할 수 있는 친구였고, 또 그들의 어머니 역할도 감당하여 다른 교수들이 전에 할 수 없었던 일들을 했다. 모든 선생님들과 졸업생들은 모든 일에서 그녀와 함께 있고, 그녀가 생각하고 있는 어떤 일도 함께할 준비가 되어있다고 말했다. 그녀의 제자들은 더 어린 소녀들을 가르치고 도와주고 있는데, 우리가 모든 이들에게 갈망하는 부드럽고 강한 여자다움으로 가르치고 도와주고 있었다.

이는 김란사가 모든 교사와 학생, 졸업생들로부터 절대적인 신임을 받으며, 이들을 하나로 결속시켰고, 부드러우면서도 강한 여성으로 이끌었음을 알 수 있다.

교민결속과 한민족 독립운동

정동교회는 우리나라 최초의 감리교 교회이다. 1918년에 김란사가 이곳에 한국 최초로 파이프오르간을 설치하였고 직접 기념연주도 하였다. 교인들은 파이프오르간 연주를 들으며 감동과 환호의 도가니 속으로 빠져들었다. 성가대도 조직되고 운영되었다. 이러한 음악을 통해 전달되는 기독교의 메시지는 강력한 힘을 가졌다. 정동교회를 통하여 한국 최초의 서양음악가인 김인식(金仁湜)과 이흥렬(李興烈) 등이 나오게 되었다. 김인식은 학도가(學徒歌), 애국가, 전진가, 국기가 등을 남겨 우리나라에서 서양음악 형식의 시작을 이끌었다. 또 김인식은 우리나라 오케스트라 운동에 많은 기여를 한 홍난파에게 바이올린을 가르쳤다.

이흥렬은 동요와 합창곡으로 〈어머니 마음〉, 〈섬집 아기〉, 〈바우고개〉, 〈꽃구름 속에〉, 〈코스모스를 노래함〉 등을 작사 작곡하였다. 그는 클래식 음악발전에도 크게 기여하였다. 이들은 정동교회를 통해서 우리나라 서양음악의 발전에 중요한 역할을 하였다. 이들의 뒤에는 김란사가 교회음악에 기여한 열정과 노력이 있었다.

오르간을 설치한 정동교회 지하의 송풍실은 이듬해에 이화학당의 이문회에서 활동한 유관순과 학생들이 〈기미독립선언서〉와 『독립신문』을 찍어내는 아지트가 되었다.[5]

왕의 밀지(密旨)를 지닌 밀사(密使)

1918년 제1차 세계대전이 끝나고 제국주의에 대한 반성으로 인도주의가 부상하였다. 새로운 질서의 개편이 요청되었고 파리에서 세계의 평화를 위한 국제회의가 열렸다. 파리평화회의는 1919년 1월부터 영국·미국·프랑스의 주도로 5개월간 이어진 평화회의와, 이후 1920년 8월까지 패전국들과 차례로 협상한 강화회의로 나누어진다. 파리평화회의에서 미국의 윌슨이 제시한 평화원칙으로 '공개외교와 식민지문제의 민족자결주의, 군비축소, 집단안전보장' 등을 채택하였다. 한국의 독립문제도 해결될 것으로 기대하는 분위기가 독립지사들 사이에 고조되었다. 미국이 중국에 파견한 특사인 Clain이 상해에 와서 '개막이 임박한 파리강화회의는 특히 약소민족의 해방을 위하여 절호의 기회가 될 것이니 대표를 파견하여 주장하는 것이 좋을 것'이라는 연설을 하였다. 이러한 소식을 들은 김란사는 의친왕과 함께 파리회의에 참석하기로 하였다. '미국과 조선이 다른 나라로부터 침략을 받으면 서로 도와준다'고 한 1882년 조미수호조약의 원본을 파리평화회의에 가지고 가서 외국의 대표들에게 전하고, 조선의 독립을 주장하는 고종의 밀지를 가지고 파리에 가기로 한 것이었다. 이때의 상황을 김란사와 함께 미국 사라토가에서 열린 국제평신도대회에 참석했던 배재학당 교장 신흥우는 다음과 같이 증언하였다.

> 하란사가 미국에서 유학할 때부터 의친왕과 친했고, 국내에서도 의친왕과 매일 연락하였다... 우리의 목적은 일본사람이 찾으려고 해도 못찾고 있던 1882년에 맺은 한미조약의 원본을 찾으면 그것을 가지고 파리에 가서 윌슨대통령에게 보이면서, "미국이 우리와 이런 조약을 맺었소. 제3국에서 우리 두 나라 중 한 나라를 침략했을 때, 상대방에게 도움을 청하면 도와준다고 했소. 왜 일본이 우리나라를 합병할 때 그냥 무시해 버렸소" 하자는 것이었습니다.[6]

이들의 계획은 고종의 친서를 소지한 다음의 왕위계승권자인 의친왕이 파리회의에 참석하여 국제사회에서 독립정부로써 승인을 받게 되면, 일제가 장악하고 있는 식민지 한국으로 돌아올 수가 없을 것이므로 중국에 망명정부를 수립하자는데 있었다. 그런데 고종이 1월 21일 갑자기 승하하여 이 계획은 좌절되었다.

그러나 동경에서의 2·8독립선언에 힘입어 파리행을 다시 추진하였다. 의친왕은 상중(喪中)이라 갈 수 없기 때문에 이번에는 의친왕의 밀명으로 김란사가 단독으로 참석하기로 하였다. 김란사는 비밀리에 국경을 탈출하였고 봉천을 경유하여 북경에 도착하였다.

김란사는 북경에서 3월 9일경 독립지사들과 회합을 위해 동포가 주최한 만찬회에 참석하였다. 그러나 이때 먹은 음식이 잘못되어 3월 10일 오전에 북경의 부영병원에서 서거하였다. 선교사 베커(A.L.Becker)가 장례식에 참석해서 보니 김란사의 시신이 검게 변해 있었다고 증언을 했다. 남편인 하상기는 북경을 다녀와서 '김란사가 북경 가는 도중 봉천에서 어떤 동지를 만나 속뜻을 이야기한 것이 오히려 그녀가 음해를 받는 원인이되었다'고 하였다. 일본에서 간첩교육을 받은 배정자의 하수인이 미행을하고, 그 하수인이 독살하였다는 소문이 있었다. 혹은 4월 10일에 독감으로 병사하였다는 상해임시정부의 이화숙의 전언도 있다.

『신한민보』의 1919년 4월24일자 기사에는 '하란사 부인은 중로에서별세'라는 제목으로 다음과 같이 보도하였다.

> 우리나라 여자사회에 제일 선진명사로 미국에 유학하고 모국에 돌아간후 수십년 계속하여 여자교육에 정성을 다하던 하란사부인은 이번 독립 대활동이 비롯한 후에 그 열성을 민족적 활동에 바쳐 진행하면서 특별한 사건으로 지난달 상순에 본국을 떠나 중국으로 나오다가 중도에서세상을 버렸다 하니 그 사유는 도무지 알 수 없는 일인바, 일반 동포가다같이 창연한 느낌이 있을지며 더욱 우리 아낙네 사회에서는 큰 기둥을 잃은 듯 비참한 감회를 이기지 못하는 바더라

1920년 1월 17일 상해 민단사무소에서 '세 애국여사의 추도회'가 거행되었다. 세 애국여사는 김경희·이인순·김란사였다. 여기에는 애국부인회원 20여 명과 안창호 등 상해임시정부인사 30여 명이 참석하였다. 여

기에서 김란사가 '애국여사'로 명명되어 있다. 또 애국부인회가 주최하였다. 이는 김란사의 죽음이 독립운동과 밀접한 관련을 가지고 있었음을 말해준다. 여기에서 그녀의 행적을 소개하는 이화숙은 이화학당 제1회 대학과 출신으로 김란사의 제자였다. 이화숙은 '김란사는 이화학당에서 여성교육에 전념하며 독립의식을 고취하였으며, 의친왕의 밀지를 받고 파리강화회의에 참석하기 위해 북경에 가서 여행을 준비하는 중 유행성 감기로 4월 10일에 45세를 일기로 서거하였다'고 보고하였다. 나라의 운명을 짊어진 중대한 임무를 띠고 북경에 간 김란사의 갑작스런 죽음은 아직도 풀리지 않는 의문사로 남아있다.

김란사는 1995년에 항일운동을 한 공적으로 대한민국 건국훈장 애족장에 추서되었다. 2018년 4월 4일에는 김란사의 위패가 국립현충원에 안장되었다.

김란사는 스스로 조선여성의, 조선민족의 등불이 되고자 한 선각자였으며 한국 여성교육의 등불이 된 여성교육자이며 여성 독립운동가이다. 김란사는 국가의 위기 앞에서 여성이 무엇을 해야 하는가의 고민 속에서 그녀가 할 수 있고 또 해야 하는 가치 있는 일은 선진문화를 배워서 여성교육을 통한 나라사랑과 구국운동을 하는 것이라 생각하였다. 많은 어려움 속에서도 자비(自費)로 이화학당과 일본유학과 미국유학을 선택했고 문학학사 학위를 취득했다.

김란사는 최초의 여학사라는 학문적 성취, 이화학당 교수라는 직업적 성취와 함께 나라의 주권을 되찾고자 국제회의에 참석하는 정치적 임무를 띠고 구국운동에 헌신한 애국지사였다. 이는 김란사가 여권통문의 정신인 교육권·직업권·참정권을 온 몸으로 실천하였음을 보여준다. **강영경**

참고문헌

고혜령, 「최초의 여학사, 하란사의 생애와 활동」, 『유관순 연구』 16, 백석대학교 유관순연구소, 2011.

김경일, 신영숙, 정현주, 이상경, 김성은, 『한국 근대 여성 63인의 초상』, 한국학중앙연구원출판부, 2015.

김성은, 「신여성 하란사의 해외유학과 사회활동」, 『사총』 77, 고려대학교 역사연구소, 2012.

김재현, 『한반도에 울려퍼진 희망의 아리랑 – 한국기독교 민족지도자 50인』, KIATS(한국고등신학연구회), 2015.

이강렬, 『꿈을 찾아 떠난 젊은이들 – 한국사 유학생 열전』, 황소자리, 2008.

이덕주, 『한국 교회 처음 여성들』, 홍성사, 2007.

최은희, 『여성을 넘어 아낙의 너울을 벗고』, 문이재, 2003.

주

1 『독립신문』, 이화숙의 '세 애국여사 추모회', 1920.1.22.

2 『독립신문』, 이화숙의 '세 애국여사 추모회', 1920.1.22.

3 이는 후에 감리교 신학대학이 되었다.

4 그녀가 지향한 신여성은 '슬기로운 어머니, 충실한 아내, 자유의지를 지닌 개화된 가정주부'를 의미한다. 이는 1911년 윤치호와의 논쟁에서 주장한 내용이다.

5 이 오르간은 1950년 한국전쟁 때 폭격을 맞았고, 지금의 오르간은 2003년에 복원한 것이다.

6 『여성동아』, 신흥우의 회고담, 1986.2., 283쪽.

2. 한국 최초의 관립 한성고등여학교 교수, 윤정원

윤정원

　윤정원(尹貞媛, 1883~?)은 대한제국 시기 대표적인 여성지식인이다. 16세가 되던 1898년에 일본으로 유학을 떠났다 이 해는 여성의 교육권, 참정권, 직업권을 주장한 '여학교설시통문'(여권통문)이 발표된 해이기도 하다. 윤정원이 아버지의 권유에 따라 유학을 간 것은 남성 지식인층 사이에서 여성교육의 필요성에 대한 인식이 확산되고 있었다는 것을 반영한다. 동시에 이런 사회적 변화를 수용하여 여성의 권리를 인식한 북촌 여성들이 '여권통문'을 발표한 것이다. 윤정원은 10년 뒤인 1908년에 귀국하여 '여권통문' 주장자들이 그토록 원했던 관립여학교 '한성고등여학교'의 교수가 되었다. 윤정원은 최초의 여자 일본 유학생이자 여자교수로서 '여권통문'의 정신을 실현한 인물이었다.

아버지 권유로 16세에 일본으로 유학

1883년에 서울 창신동에서 일명 '조양루'라고 불리는 55칸 기와집에서 아버지 운정 윤효정(雲庭 尹孝定, 1858~1939)과 어머니 창원 황씨 사이에서 태어났다. 어려서 어머니를 여의었으며, 아버지로부터 많은 영향을 받고 성장했다.

윤정원의 아버지인 윤효정은 1894년 갑오경장 이후 탁지부 주사를 지냈으며, 1898년 독립협회 간부로도 활동했다. 고종양위음모사건과 관련되어 일본으로 망명했다. 일본 고오베에서 일본에 유학온 고학생을 위해 조일의숙을 운영했다. 그는 일본에 머물던 박영효, 우범선 등과 교류하였는데, 후에 우범선이 명성황후 시해사건 관련자라는 사실을 알고 고영근을 사주하여 우범선을 살해했다. 귀국하여 1905년 5월 이준(李儁)과 함께 헌정연구회(憲政研究會)를 조직, 활동하였으며, 이를 개편하여 1906년 4월에 장지연(張志淵) 등과 대한자강회를 조직하였다. 윤치호(尹致昊)가 회장을 하고 자신이 부회장, 오가키 다케오(大垣 丈夫)가 고문이었다. 대한자강회는 1907년 8월 일제에 의해 강제 해산되어 같은 해 11월에 대한협회로 개편되었는데, 윤효정은 총무로 활동했다. 대한협회는 애국계몽단체로 발전하여 국채보상운동을 활발하게 추진했다. 윤정원은 아버지로부터 근대적 개화사상과 애국심을 물려받았다.

윤정원은 10살을 전후해서는 집에서 효경, 소학 및 열녀전(烈女傳), 예기(禮記)의 내칙(內則) 등을 공부했다. 16세 때 아버지의 권유에 따라 10년 공부를 작정하고 일본으로 유학을 떠나 최초의 일본 여자유학생이 되었다. 그의 일본 유학은 서울의 일본인 공사 가또 마쯔오(加藤增雄)의 부인과 영사인 아키쯔키 사츠오(秋月左都夫)의 부인이 주선하였다. 윤정원은 일본에서 널리 알려진 여성교육가 하라 도미코(原富子, 原六郞 부인)의 문하로 들어갔다. 하라는 윤정원이 일본에 유학한 10년 동안의 학비를 전적으로 부담하였다.

그는 1898년 일본 도쿄의 메이지여학교 보통과에 입학하여 1902년 4월 우등으로 졸업과 동시에 고등과에 입학하였다. 1905년 4월에 우등으로 고등과를 졸업하였다. 졸업 이후 윤정원은 1905년 10월 여자학원 (영어전문)과 동경여자음악원에서 영어와 서양음악을 공부하였다. 도시샤 (同志社) 병원에서 자원봉사로 간호부 실습을 하고, 여자공예학교에서 각종 수예의 기술을 배우기도 하였다. 윤정원은 일본에 유학한 최초의 여성으로 일본 언론에도 자주 보도되었다. 1905년에 그녀는 아키츠키 공사를 따라 벨기에로 가서 영국, 프랑스, 독일과 미주 등지를 순회하며 음악과 어학 공부를 하였다.

관민합동의 '초대 여자 외국 유학생 환국 환영회' 개최

10년 동안의 일본 유학을 마치고 "국내 최초의 여자 일본 유학생"으로서 윤정원이 귀국한 것은 1907년 3월이었다.[1] 그 후 1909년 4월 28일, 관민 합동으로 경희궁에서 윤정원, 박에스더, 하란사 등 세 사람을 위한 '초대 여자 외국 유학생 환국 환영회'가 열렸다. 윤치호, 김필순 등은 고종 태황제와 순종에게 부탁하여 당시 개화 귀족들이 쓰고 다니던 것과 비슷한 금테두리 중고모에 흰 깃털을 꽂아 쓰고 검정 제복으로 단장한 마부가 올라앉은 호사스런 쌍두마차를 보내어 이들 세 사람의 일가친척들까지 초대하도록 하였다.

이날 주최자인 윤치호 학무국장을 비롯하여 행사 관계자 및 내빈들이 모두 부부 동반으로 참석한 것은 이채로운 일이었다. 여성교육협회(Woman's Educational Society)와 여성기업협회(Woman's Enterprises Society)가 공동으로 주관하여 황메레 등과 여러 여성단체 및 교육계와 종교 단체의 여성 등 여성 회중이 1천 명에 가까운 대성황을 이루었다. 기록에 의하면 아펜젤러와 언더우드 등 내외 빈객이 700~800명에 이르렀다.

유성준, 지석영, 최병헌 등이 차례로 환영 연설을 하였으며 기념품으로 주빈인 세 사람에게 각각 금메달이 증정되었고, 여학생들이 축하 노래를 불렀다. 세 사람의 답사와 주악 이후 다과 잔치로 행사는 마무리되었다.

윤정원을 '국내 최초의 여자 일본 유학생'으로
소개한 『황성신문』(1907. 3. 13.)

1920년대 종로구 재동의 한성고등
여학교(후에 경성여자고등보통학교,
경기여자고등학교) 전경
(출처: 경기여고)

이 환영회는 여자로서 최초의 외국 유학을 한 사람들을 환영한다는 취지에서 보듯이 당시 여성 교육에 대한 국가와 지식인의 지지를 보이는 상징적인 사건이었다고 할 수 있다. 여자 유학생을 위한 행사라고 하지만 내각의 학무국이 주도하였고 환영 연설 또한 모두 남성 사회 유지들이 나선 사실 등 남성들이 주도하여 기획, 실행되었다는 점도 특이한 점이다. 이를 통하여 국가와 지식인 사회의 여성 교육에 대한 지지를 일반에 과시하고 선전함으로써 국민적 차원에서 여성 교육을 장려, 보급하는 효과를 거두었다.

한성고등여학교 교수로 취임, 창덕궁에서 운동회 개최

1908년에 칙령 22호로 관립 한성고등여학교가 설립되었다. 윤정원은 1909년 3월 4일자로 한성고등여학교 교수로 서임(敍任)되었다. 초대 교장은 어윤중(魚允中)이었다. 이 시기에 왕실과도 일정한 관련을 맺게 된다. 왕실의 순종비 윤 황후는 윤정원을 창덕궁으로 불러들이기도 했다. 궁 안에서 열린 한성고등여학교 운동회 때에 윤정원을 불러 논어를 읽게 한 다음 강관(講官)에 내정하였다.[2] 윤정원은 이해 6월에는 김인숙(金仁淑), 이각경(李珏卿) 등과 함께 관립과 사립의 여학교 연합장학회를 조직하여 취지서를 발행하고 부회장으로 활동하였다. 일본헌병대의 기밀 보고가 이 사실을 전하고 있어 일제의 엄격한 감시와 통제 아래에서 진행되었다 고 볼 수 있다. 이 시기에 남편 최석하는 안창호, 이시영 등의 신민회와 연 결되어 활동하였다.

한성고등여학교는 1908년 칙령 22호로 설립된 최초의 관립 학교이다. 1909년 학부령으로 고등여학교령시행규칙이 제정되었다. 관립인 만큼 등록금과 수업료가 전액 면제 되었으며 초기에는 교과서, 학용품, 실습 재 료 등을 무상으로 제공하였다. 고등여학교는 여자에게 필요한 고등보통 교육과 기예를 가르치는 것을 목적으로 하였다. 수업연한은 3년이나 지 방사정에 따라 1년을 더 연장할 수 있었다. 3년제 본과와 2년 이내의 예 과와 2년 이상의 기예전수과를 두었다. 예과는 보통학교 2년 수료 이상의 학력을 가진 10세 이상의 여자를 대상으로 보통학교 교육을 마치도록 하 고, 기예전수과는 15세 이상의 여자들에게 주로 가사를 비롯한 실과 교육 를 실시하였다. 그러나 당시에는 보통학교 교육을 받은 여학생이 드물어 개교 초에는 전혀 교육을 받지 않은 여아들을 입학시켰다. 교과목은 수신, 국어, 일어, 역사, 지리, 산술, 이과, 가사, 도화, 재봉, 음악, 체조, 수예, 외 국어 등으로 구성되었다. 외국어는 영어, 법어, 독어, 한어 중에서 택일하 게 하였고, 1,2학년의 주당 수업시간은 27시간, 3학년은 26시간이었다.

한성고등여학교는 지금의 도림동 부근에 있었던 한성부 서쪽의 공조

한성고등여학교 운동회가 열렸던
창덕궁 후원 부용지 일대
(출처: 문화재청)

에서 쓰던 기와집을 쓰고 있었기 때문에 운동회를 할 수 있는 공간이 마
땅치 않은데다가 남녀의 내외가 존속했던 시절이라 어명에 의해 궁궐에
서 운동회를 열기로 하였다. 엄격하게 출입이 통제되는 궁궐에서 여학교
운동회가 열린 것은 매우 이색적인 사건이었다. 창덕궁 비원 안 옥류천이
흐르고 푸른 잔디가 깔린 뜰에서 개최된 운동회는 평소 연습을 했던 달리
기, 뜀뛰기, 공 던지기, 맨손 체조와 아울러 그네뛰기가 눈에 띄었다. 윤정
원은 외국 유학에서 배운 이들 종목들을 지도하였다. 고종 황제와 순종비
윤비는 운동회에 직접 참관하였으며, 윤비는 이 자리에서 따로 윤정원을
불러 강연(講筵) 문제를 논의하기도 하였다.[3]

'여성은 태양' 모성, 조국과 동포에 대한 애국 헌신 강조

　윤정원의 사상과 생각을 체계적으로 알 수 있는 자료들은 많지 않다. 1906년에 3편, 1907년 1편을 제외하고 그녀는 자신의 생각과 주장을 드러내는 글을 거의 남기지 않았다. 따라서 그녀가 20대 중반에 남긴 일련의 논설과 기고문들을 통하여 그녀가 가진 생각들의 단편을 끌어낼 수 있을 따름이며, 망명 이후 사상의 변화나 추이는 그 연장에서 추론을 통해 가늠할 수밖에 없다.

　그녀의 여성관은 시대적인 제약을 반영한 것이었지만 근대적인 요소와 전통적인 요소가 혼재된 과도기적 성격을 가지고 있었다.[4] 남성과 여성의 차이를 구분하면서 그녀는 남성은 "전심전력으로 발명 연구하는 자요 여자는 즉각 실행하는 자"라고 말한다. 즉 "몸으로 실행하는 자는 다만 여자뿐"으로, 이러한 점에서 성인군자나 학자, 철학자, 예술가, 도덕가, 종교인 등은 남성의 영역인 반면에 "자선, 교육, 간병, 전도, 위생, 면려 등 사업"은 여자의 본분이라고 주장하였다. 이러한 자신의 "본분을 깨닫고 지키는 자"가 여자로서, 여자는 "무리하게 힘쓰지 아니하더라도 천생으로 이러한 아름다운 성질을 가진 자"라는 것이다. 『소학(小學)』이나 『예기(禮記)』의 「내칙」을 주교재로 하는 어린 시절의 전통 교육의 영향을 여기에서 찾아 볼 수 있다.

　그러나 이와 동시에 윤정원의 여성관은 근대주의로부터 영향을 받았다. "여자라 하는 것은 국민의 어머니요, 사회의 꽃이요, 인류의 태양"이라고 말한다. 여성을 '태양'에 비유한 것은 유럽, 일본의 페미니즘의 영향을 받은 것으로 추정된다. 그러나 윤정원은 "한 가정에서 중심이 되는 주부는 항상

태양과 같이 밝은 얼굴로 가정의 평화와 안녕을 보전"해야 한다는 언급에서 보듯이 그가 말하는 인류의 태양은 가정의 영역을 기준으로 하였다는 점에서 전통의 그림자가 여전히 남아 있었다는 점을 부인할 수 없다.

윤정원은 또 일가를 화목하게 하고 사회를 찬란하게 하고 국가를 창성하게 하는 데에서 여성이 절반 이상의 힘을 가지고 있다고 서술한다. "빨래와 다듬이를 천명의 직분으로 생각"하는 현실을 개탄하면서 윤정원은 이러한 중대한 책임을 여성이 자각하기 위한 방도는 "교육 두 자 밖에 없다"고 단언하였다. 그에게 여성교육은 여성의 본분을 "제일 적당 착실하게 깨닫고 지키는 길을 제일 바르게 밝게 하는 것이었으며, 이 길을 따라 가르치는 것"이었다.

나아가서 윤정원은 모성의 의미를 강조하였다. "특별히 모친 된 자는 실로 그 자녀를 양육하기 위하여 일평생을 저버린다 하여도 가하다"고 하면서, "자기 일신의 천고백난을 불고하고 오로지 그 자녀를 위하여 생활하는 모친의 혈심지성"을 지적하였다. 이 시기 모성에 대한 강조는 윤정원의 생애와 사상이 민족주의·애국주의의 동기에 의해 움직였다는 것을 말해준다. 그는 자신의 시대를 "잠시 방심하면 가(家)와 기저(基址)를 더불어 보존하기가 어려운 엄중한 조건에 놓여 있는 것"으로 인식하였다. 따라서 이러한 '국가전체의 시급지환'을 구하기 위해서는 조국과 동포를 위한 헌신적 정신을 가져야 한다고 주장하였다. 이러한 자신의 생각을 유학생 시절이나 교수 시절, 그리고 강제 병합 이후 중국에서의 망명 생활에서도 지속적으로 실현하고자 하였다.

결혼과 중국에서 망명생활

1909년 여름 윤정원은 당시로서는 아주 늦은 27세의 나이에 동경 유학생 최석하(崔錫夏, 1864~1912)[5]와 결혼하였다. 최석하는 윤정원의 아버지인 윤효정이 일본 고오베에서 박영효 등과 함께 일본 고학생을 수용하던 조일의숙에 있을 때부터 사제 관계의 인연을 맺은 사이로 아들이 없는 윤효정은 그를 자신의 아들처럼 아꼈다. 윤정원보다 한 해 먼저 귀국한 그를 윤효정이 딸에게 소개한 것이다. 결혼한 이듬해인 1910년에 윤정원은 아들 량(亮)을 낳았다. 아명은 갑손(甲孫)이었다.

1910년은 한국이 일본에 강제 합병된 해이기도 했다. 지배층에 대한 회유정책의 일환으로 윤정원도 한성고등여학교 교수 직위가 1910년의 8월 24일 각의 결정에 따라 9품에서 6품으로 특별 승진했지만, 그가 지닌 강렬한 애국주의 성향은 이를 용납하지 않았다. 윤정원은 교육에 뜻을 접고 남편 최석하와 망명의 길을 선택하였다.

윤정원은 1911년 어린 아들을 안고 중국 북경으로 떠났으며, 남편 최석하는 이시영과 함께 서간도로 향했다. 안창호가 동지들과 조직한 독립운동 비밀결사인 신민회가 그를 파견한 것인데, 최석하는 윤정원과 다시 만나지 못하고 1912년 망명지에서 병사하고 만다.

1926년 북경의 독립운동자들 사이에서 민족유일당 운동이 전개된 것을 배경으로 원세훈, 안창호 등이 연합으로 결성된 대독립당 북경촉성회에 윤정원이 참가한 것은 남편을 매개로 한 안창호의 신민회와의 연계로 추측한다. 윤정원은 1926년 10월 12일의 제2차 회의와 16일의 3차 회의, 그리고 28일의 선언서 발표에 참여하였다.

이후 그는 임정을 비롯한 민족주의 계열의 독립운동가들과 함께 북경, 하남, 중경 등지로 옮겨 다니면서 생활하였다. 음악과 외국어 등의 개인 교습으로 일정한 수입이 있었기 때문에 같은 지역의 독립운동가들에게 지속적인 재정 지원을 할 수 있었다. 중국인으로 행세하면서 줄곧 중국에서만 살아가던 그녀는 1945년 해방되던 해 6월 계모 김경원과 동생 윤창한에게 북경에서 보낸 서찰을 마지막으로 소식이 끊겨서 그 후의 생활은 알 수 없다. 외아들 최량(崔亮)은 북경에서 대학을 졸업하고 교육계에서 일한 것으로 알려졌다.

윤정원, 교육현장에서 여성교육권 실천

여성교육을 위해 '여권통문'을 돌린 여성들이 1898년 관립 여학교 설립 청원 상소문을 고종황제께 올린 8년이 지나 1906년 관립고등여학교가 출범했다. 이미 20여 년 전부터 선교사에 의한 사립학교들이 개교하여 여성들의 문맹타파와 개화에 공헌했다. 지식인 남성들도 국가 발전을 위해 여성교육이 필수적이라는 인식이 확대되었다. 이런 배경에서 윤정원은 아버지의 권유로 일본 유학을 다녀와 관립 한성고등여학교 교수로 임명되었다. 그는 10년간 일본에서 공부하고, 또 유럽도 다녀온 선각 여성이었다. 과도기적 여성의식을 갖고 있었으나, 여성의 교육권 확보에 대해서는 명확하게 인식하였다. 당시 고종황제, 순종비 윤황후, 개화파 지식인, 관료 등의 관심을 받아 환영회, 운동회를 열었다. 교육내용에 있어 가정교육과 부덕 함양을 강조하는 현모양처 양성에 치중하기는 했으나, 이는 과도기 현상이라 볼 수 있다.

윤정원은 이러한 사회적 배경에서 첫 번째 유학 다녀온 교수로서 활동했으나, 시대적 상황이 그의 꿈을 이룰 수 없었다는 안타까움이 있다. 윤정원이 '여권통문'의 정신을 갈고 닦아 펼치기에는 시간이 너무 없었다. 대한제국이 불과 3년 만에 일제에 강제 병합되었기 때문에 그는 교육현장을 떠나 독립운동가의 길을 걷지 않을 수 없었다. 이런 한계에도 불구하고, 윤정원은 대한제국시기 '여권통문'이 요구한 여성교육권을 교육현장에서 실현했으며, 후에 독립운동가의 길을 걸음으로써 참정권도 실천했다. **정현주**

참고문헌

김경일, 「윤정원」, 『한국근대여성 63인의 초상』, 한국학중앙연구원출판부, 2014.

김성은, 「신여성 윤정원이 현실인식과 사회활동」, 『한국근현대사연구』 67집, 2013.

박용옥, 「한말 여성운동의 특성과 여성의 사회진출」, 『국사관논총』 83집, 1999.

이배용, 「일제하 여성의 전문직 진출과 사회적 지위」, 『국사관논총』 83집, 1999.

최은희, 『여성을 넘어 아낙의 너울을 벗고』, 문이재, 2003.

주

1 『황성신문』 1907년 3월 13일자의 이 표현은 엄밀하게 말하면 정확치 않은 것이다. 정규 과정은 아니라고 하더라도 그 이전인 1895년 3월 하란사가 일본 게이오 의숙에서 1년 정도 수학한 적이 있기 때문이다.

2 『황성신문』, 1909.5.15.

3 최은희, 『여성을 넘어 아낙의 너울을 벗고』, 문이재, 2003, 131~132쪽.

4 김경일, 「윤정원」, 『한국근대여성 63인의 초상』, 한국학중앙연구원 출판부, 2014 참조.

5 최석하는 1864년 평안북도 의주군 비현면 출생. 1890년 일본으로 유학가서 1908년 메이지대학 법학과를 졸업했다. 안창호, 이시영 등과 신민회 활동을 하면서 실력 배양운동을 펼치다가 1910년 망국하자 서간도로 망명, 독립운동을 계속했으나, 1912년 48세로 병사했다.

3. 한국 음악교육의 선구자, 김애식

1910년 이화학당 대학과에 입학하여 한국 여성으로서는 일찍이 고등교육을 받았던 김애식은 체계적인 음악교육을 배우기 위해 미국 유학길에 올라 정규음악학교를 졸업하였다. 한국인으로서는 최초로 공식적인 서양음악 교육 학위를 받았으며, 귀국 후 외국인에 의해서만 교수되던 음악교육을 처음으로 한국여성이 담당하게 된 것이다. 김애식은 모교에서 음악대학 설립을 완성하였으며 이후 후학 양성에 매진하였다.

제물포의 개화 지식인의 딸로 태어난 영특한 아이

김애식은 정애식 또는 김앨리스 그리고 한자어 김애리시(金愛利時)로도 불렸다. 기독교에 입문, 세례를 받으며 김앨리스로 불렸다. 그리고 결혼 후 남편 정일사의 성을 따라 정애식, 정앨리스로 불리기도 하였다.

김애식은 1890년 제물포의 기독교 가정에서 태어났다. 아버지는 선교사 조지 H. 존스 목사에게 한국말을 가르쳤던 어학선생으로 일찍이 기독교를 접하며 서구의 근대문물 및 근대 지식 수용의 필요성을 깨달았던 개화 지식인이었다. 아버지는 딸의 교육에도 남다른 생각을 가지고 있었다. 김애식은 제물포에 있는 영화학당에 입학하였다. 해외여자선교회

(Woman's Foreign Missionary Society: WFMS)에 소속되어 있던 영화학당은 이화학당 부속 소학교라고도 불릴 정도로 이화학당과 밀접한 관계를 가졌던, 여자 교육을 중요시하였던 학교였다. 김애식 외에도 김활란, 서은숙, 김애마, 김영의 등이 이 학교를 졸업한 후 선교사들의 추천으로 이화학당에 입학하였다.

영화학당은 1892년 이화학당의 음악 교사였던 마거릿 벤젤이 인천에 정착하여 여자 어린이 교육을 실시한 학교였다. 이 학교의 설립을 주도했던 마거릿 벤젤은 인천 내리교회 제2대 담임 존스 목사와 결혼하여 존스 부인으로 불리기도 하였다. 마거릿 벤젤은 김애식의 아버지가 한국말을 가르쳤던 존스 목사의 부인이었던 것이다. 영화학당을 다니는 김애식의 재능을 일찍 알아차린 벤젤은 이화학당 입학에 적극적이었다. 벤젤 선생님 외에도 선교사로 활동하던 밀러와 메리힐만 선생님도 김애식의 영화학당 졸업 후의 이화학당 입학을 적극적으로 주선해주었다. 김애식은 1909년 이화학당 중등과를 졸업하고 모교 선생님이 되어 연설, 노래, 글씨를 가르쳤다. 김애식은 당시까지 음악을 맡고 있던 그레이스 하르몬(Grace Harmon) 선생님의 일을 대신하였고 음악뿐 아니라 이화학당의 왈터(Walter)선생님을 위해서 타이핑 등의 일을 대신하기도 하였다.

1914년 이화학당 대학과 첫 졸업생으로 논문 발표

　1910년 김애식은 이화학당 대학과에 입학하였다. 이화학당의 대학과 설치는 이화학당 당장인 룰루 E. 프라이 당장의 이념과 열성으로 인해 가능하였다. 당시 한국에서 여성들은 전문 고등교육을 받기 위해서는 해외유학을 선택해야만 했다. 그러나 해외유학은 비용도 많이 들고 여성들에게는 집에서 쉽게 허락해주지 않아 어려움이 많았다. 전문 고등 교육을 받고자 하는 여성들의 교육에 대한 열망이 강한 것을 깨달았던 이화학당의 프라이 당장은 1910년 대학과를 설립하였다. 1910년 이화학당의 중등교육을 마친 졸업생 15명이 대학과에 진학하였다. 그러나 15명으로 시작한 학생 중 첫 졸업생은 세 명에 불과하였다. 많은 학생들이 결혼 등으로 학교를 그만두었기 때문이었다. 첫 졸업생은 김애식을 포함하여 신마실라, 이화숙이었다. 대학과를 다니며 김애식은 이화숙, 신마실라 그리고 이화학당 중등과를 다니던 박인덕 4명이 합창대를 만들어 학교나 교회에

대학과 시기.
김애식, 이화숙, 신마실라
(출처: 이화역사관)

서 노래를 부르기도 하였다.

1914년 4월 1일 정동교회에서 이화학당 대학과의 졸업식이 열렸다. 김애식, 신마실라, 이화숙의 졸업식을 축하하기 위해 많은 인파가 모였다. 국내 유명인사들과 외국인들도 참석하였다. YMCA 전국연합회회장을 역임한 독립운동가 이상재와 더불어 미국 감리교회 관계자, 선교사들이 졸업식에 참석하였다. 졸업식이 한창 진행될 때 즈음 세 명의 졸업생도 오르간의 행진곡에 따라 검정 가운과 학사모를 쓰고 등장하였다. 이들은 졸업 축하 예배에서 자신들의 전공 논문을 발표하였다. 당시 대학과는 전공이 정해지지 않고 여러 교양 학문을 두루 배우는 체제로 이루어졌다. 세 명의 졸업생들은 자신의 관심사를 바탕으로 논문 주제를 선택하고 탐구한 결과를 논문으로 발표하였다. 신마실라는 '한국미술 탐구', 이화숙은 '미국 시인 롱펠로우'를 주제로 발표하였으며, 김애식은 '교육 요소로서의 놀이'라는 주제를 졸업논문으로 발표하였다. 논문의 발표는 자신들의 연구성과를 영어와 한국말로 두 차례에 걸쳐 발표하여 당시 이화학당

1914년 대학과 첫 졸업생들.
신마실라, 이화숙, 김애식
(출처: 이화역사관)

1914년 대학과 첫 졸업생들.
이화숙, 김애식, 신마실라
(출처: 이화역사관)

대학과의 수준이 어느 정도였는지를 보여주었다. 당시 프라이 당장은 너무나 감격스러워 "이 세 학생보다 더 우수하고 사랑스럽고 똑똑한 소녀를 배출한 적이 없다"고 말하였다.

　이들은 최고 학부의 엘리트로서의 자긍심 만큼이나 한국의 여성교육에 대한 책임의식이 남달랐다. 이들 졸업생들은 지식인으로서 자신의 지식을 사회에 환원하며 나라와 민족을 위해 봉사하는 삶을 살 것을 다짐하기도 하였다. 당대 최고 학부의 엘리트가 된 이화의 대학과 제1호 졸업생 세 명은 여성 지도자로서의 사명감을 안고 각 분야에서 괄목할 만한 활동과 지도자적인 역할을 해냈다.

　신마실라는 1919년 3·1운동 전 황에스터 선생과 함께 이화학당 비밀조직을 만들었고, 파리강화회의의 여성대표로 선임되기도 하였다. 비록 자금 부족으로 파리 출발이 이루어지지 못했지만 독립운동의 최전선에 있었던 것이다. 이후 미국 유학길에 올랐던 신마실라는 구미독립운동을 전개하였다. 이화숙도 독립운동 자금의 모금 활동에 적극적으로 참여, 독립운동을 펼치는 한편 한국의 여성 교육에 앞장섰다.

한국인 최초로 정식으로 서양 음악 전공, 음악교육 체계화에 앞장

김애식은 이화학당의 프라이 당장으로부터 음악적 재능을 높이 평가받았다. 프라이 당장은 김애식의 뛰어난 음악적 재질을 발견하였으며, 대학과 졸업 후 다시 모교 교사로 활동하게 하였다. 나아가 장학금을 주선해서 1917년 일본 나가사끼 갓스이(活水) 여학교 유학을 주선해주어 김애식은 전문부 음악과를 졸업하였다. 일본의 갓스이 여학교는 이화학당과 마찬가지로 해외여자선교회(WFMS)에서 설립한 학교이다. 그리고 이 학교는 이화학당과 긴밀한 관계를 유지했으며, 이화학당의 초기 졸업생 중 일부는 이곳에서 상급과정을 이수하였다. 김애식의 일본 유학 기간은 너무 힘든 나날들이었다. 그녀는 유학기간 천연두에 걸리기도 하였으나 견뎌내고 교과과정을 마쳤다.

1921년 프라이 당장과 오리건 출신 선교사이자 이화여자고등보통학교의 교장을 지낸 마리 처치의 주선으로 김애식은 다시 미국 유학길에 올랐다. 마리 처치는 김애식의 미국 유학길에 보호자로 동행하기도 하였다. 미국 오리건 주 포틀랜드에 있는 엘리슨 화이트 콘서바토리(Ellison-White Conservatory, 음악학교)에서 피아노를 전공, 학위를 취득하였다. 해외에서 음악을 정규과정으로 전공한 첫 번째 한국 여성이었다. 미국 유학 생활 중에도 김애식은 유학생 및 재미동포들과 모임을 갖고 다방면으로 대외적 활동을 하였다. 특히 1921년 미국의 오레곤 지역에서 실시되는 만국박람회를 한국의 상황을 선전할 기회로 삼아 참여하였으며, "우리 한인도 남들 못지않은 민족임"을 강조하였다. 그리고 오리건 주의 감리교회뿐 아니라 시카고, 디트로이트, 뉴욕, 워싱턴, 필라델피아 등지의 해외 여자선교회(WFMS)행사에 참여, 이화학당과 한국의 여성고등교육 지원을 호소하였다. 그리고 1923년에는 대한독립선언 5주년을 기념하는 행사에 대한인국민회와 함께 참여하여 재미한인들의 독립의식, 민족의식을 고취시키기 위해 태극기를 그리는 활동 등을 펼쳤다.

1923년 김애식은 음악학교를 졸업하였다. 학위를 취득한 이후 그는 귀국하여 이화여자전문학교의 음악교육을 담당하는 한편 피아노 연주회 및 독창회의 피아노 반주 등을 맡아서 했다. 대표적으로 1924년 유겸자 독창회 당시 피아노 반주자로 활약을 했다. 당시 유겸자 독창회는 중앙기독교청년회 주최로 일본 동경의 한인 기독교청년회 건축비로 기부하기 위해 열었던 것으로 수입의 대부분은 중앙기독교청년회에 기부하였다.

1925년 이화학당은 이화여자전문학교(이하 이화여전)로 개편하였다. 이화학당은 이미 1910년 고등교육과정인 대학과를 개설하고 보통과(4년) → 고등과(4년) → 중등과(4년) → 대학과(4년)의 교육체계를 갖추었으나 이것은 공식적인 교육체계와는 별도로 운영되는 이화학당의 독자적인 성격을 가지는 체계였다. 일제 조선총독부의 교육체계에서는 대학과의 교과 이수 및 졸업이 인정되지 않았다. 그 결과 졸업생들의 상급 학교 진학과 취업에 불이익이 따르기도 하였다. 이런 상황에서 이화학당의 선교사, 선생님 및 관계자들은 교장 앨리스 아펜젤러를 중심으로 1920년대 초부터 전문학교 인가를 위한 준비를 하였다. 1925년 전문학교 인가를 받은 이화여전은 명실상부한 고등교육기관으로의 위상을 갖게 되었다고 할 수 있다. 1925년 이화학당의 전문학교로의 개편은 교육기관으로서의 이화학당의 입지를 강화하는 결정적 계기가 되었다. 초기에 총독부에서 인가를 받은 것은 문과, 음악과였다. 1929년에는 가정과 인가를 취득하였으며, 유치원 사범과는 1929년 이화보육학교로 분리되었다.

전문학교 인가 준비의 과정 중 이화학당에서 심혈을 기울인 개설 전공 분야 중 하나는 음악과였다. 이를 위해 이은라와 김애식의 유학을 적극적으로 추진하였다. 이화학당 교장 앨리스 아펜젤러는 전문학교 인가의 의미에 대해 "새로운 정부의 인가로 영어와 음악을 전공한 졸업생에게 자격증이 수여된다. 이제 그들은 인가받은 상급학교에서 이 두 과목을 가르칠 수 있는 자격을 얻게 되었다.… 교과과정이 많이 달라지지는 않았지만 우리 졸업생들은 이제 일본 내의 인가받은 기관의 졸업생들과 같은 자격을 주장할 수 있게 되었다. …이제 사람들은 우리의 이름에서 소녀들의 작은 모임을 떠올리는 것이 아니라 70여 명의 학생과 10명의 교수진으로 구성된 기관을 떠올리게 될 것이다"라며 감격해 했다. 아펜젤러 교장은 졸업생들이 교사가 될 수 있는 자격을 얻게 하기 위해 전문학교 인가를 적극 추진하였던 것이다.

1923년 귀국하여 모교로 돌아온 김애식은 이화여전의 음악과 설립을 위해 매진하였다. 그리고 초기 음악과의 교육과정 및 음악대학의 확립에 기틀을 만들었다고 해도 과언이 아니었다. 학교 일에 열정을 다하면서도 김애식은 1926년에는 서울에서 구미 유학생 출신자들로 구성된 구미학우구락부(歐美學友俱樂部) 설립에 참여하여 유학에 대한 각종 정보를 제공, 여성 지식인으로서의 사회적 공헌에 애썼다. 특히 구미 각국에 유학을 희망하는 학생들의 유학 수속과 유학 준비를 알선해 주는 것뿐 아니라 유학을 준비하는 학생들에게 대한 재정 지원을 알선하는 것 등에도 앞장섰다.

1925년 전문학교 설립 당시 이화여전에는 4명의 교원이 있었다. 이들은 크게 미국인 여성 선교사와 이화 출신 교원들이었다. 당시 한국에서의 음악교육은 많은 부분 선교사들이 담당하고 있었다. 김애식은 선교사들이 한국을 떠난 후에 음악과를 이끌었다. 이화여전의 음악과는 피아노, 성악, 바이올린 전공으로 나누어졌는데, 피아노와 성악 전공이 듣는 수업은 거의 일치하였다. 모든 학생들이 피아노 및 성악 실기를 수강하고 동일한 음악이론과 교양강좌를 들었다. 피아노와 성악 실기를 거의 동일한 비중으로 실시한 것은 사범교육의 특징을 보여주는 것이었다. 그럼에도 이화여전의 음악과의 교육은 기본적으로 피아노 전공을 중심으로 이루어졌다.

김애식은 이화여전에서 기악, 음악이론, 작곡법, 음악사, 청음(聽音), 시창학(視唱學), 음악 감상법 등을 가르쳤다. 그리고 매해 이화여전음악회를 개최하여 학생들의 실력을 향상시키는데 힘을 쏟았다. 학교 내 음악회를 운영하는 한편 김애식은 조선여자기독교청년연합회 주최로 열리는 경성여자음악대회에도 참여하여 자신의 실력을 연마하는데 게을리하지 않았다. 김애식은 국내 최초로 피아노와 파이프 오르간을 연주한 여성으로 알려져 있다. 그는 당시 이화여전의 음악 선생님들에게 요구되었던 주일학교 음악감독 그리고 성가대 지휘자, 이외에도 미감리여선교회의 회원이자 임원으로 활동하였다. 그는 교육위원회로 배속되어 있었다. 이화여전의 음악 단체인 글리클럽을 이끄는 등 다양한 활동을 하였다. 글리클럽은 1930년대에는 전국 순회공연을 하기도 하였다. 글리클럽 활동을 통해 학교를 홍보하고 모금활동을 벌이는 기회로 활용하였으며 이것은 커다란 틀에서 보면 선교사업의 일환이며 여성기독교 운동이기도 하였다.

1925년 이화여전 음악과는 예과 1년 및 본과 3년의 전체 4년 과정으로 시작하였다. 입학시험은 4월 초에 있었으며 1926년 음악과 입학시험은 영어, 일어, 수학(대수, 기하), 음악(기악) 과목을 포함하였으며, 1928년에는 일어와 음악만 시험을 보았다. 1925년 초에 총독부 학무국에서 인증한 학생 정원은 1926년 학년당 15명이었다. 그러나 1930년에는 각 학년에 50명으로 증원되었다. 초기 이화여전의 음악과 설립 초기부터 관여하였던 김애식은 이화여전 음악과의 기틀을 잡는데 열정을 다하였다. 당시 음악과 선생님들은 한국인으로 안기영, 윤성덕, 이은라, 김애식 등과 외국인 교사로는 메리영(Mary E. Young), 붓스(Mrs. F.E.Boots), 베이커(Miss Cartherine Baker), 그리고 대머론(Miss L.T. Dameron) 등이 있었다.

이화여전 음악과는 피아노 교육에 집중되어 있었다. 그리고 음악 중등교원의 양성을 중심에 두고 있었다. 김애식은 피아노 교육에 집중했으며, 음악과 학과장을 맡으며 피아노 음악교육뿐 아니라 전통적인 한국문화 교육에도 집중하였다. 1936년 이화창립 50주년 기념식에서 근속 15주년 표창을 받았다.

생활 개선에 앞장선 신가정의 모범

김애식은 미국 유학시절 남편 정일사(영어 이름 라이언 정(Lyon K. Jung)를 만나 약혼하였으나 미국에 남지 않고 다시 고국으로 돌아온 것으로도 유명하였다. 김애식에 의하면 유학을 마치고 귀국할 당시 "나는 학교를 마치게 되니 단 하루라도 모교 이화여전의 교편을 아니잡을 수 없는 사정이고 하여 몇 해 후를 굳게 약속"하고 귀국하였다고 한다. 정일사는 1881년 경성 출생으로 1907년 한국을 떠나 미국 워싱턴에 가서 중학교를 졸업하고 다시 군의관 대학에서 X광선을 연구하였다. 제1차 세계대전 당시 군대에 편입되어 프랑스 전선에서 엑스레이 치료에 종사하였다. 정일사는 친구의 소개로 김애식을 만나게 되었는데 '한국 여자로 음악을 공부하러 왔다는 말을 듣고 신기해하면서도 호감을 갖게되었다'고 하였다. 1923년 김애식이 학교를 졸업하고 귀국하자 정일사도 1924년 4월에 군대를 나와 미국 중앙정부병원에서 일을 하다 한국으로 왔다. 한국에 온 정일사는 세브란스 의학전문학교의 교수로 활동했으며, 세브란스의과대학 부속병원 엑스레이실 과장으로도 활동하였다.

당시 31세의 미국 시민권자인 정일사는 국적은 비록 미국이지만 자신도 조선민족의 피가 흐르는 조선인이라며 조선이 잘되는 것은 자신이 잘되는 것이라며 나름의 민족의식을 보여주었다. 정일사가 세브란스에 취직하고 난 후 1925년 김애식은 이화여전 중강당에서 결혼식을 올렸다. 김애식의 결혼에 대해 이화여전의 선교사들은 '이화 홈(Ewha home)'의 탄생이라며 축하하였다. 특히 아펜젤러 교장은 "이화학당이 이룬 결실이 이것뿐이라 해도 충분한 보상을 받았다고 느껴질 정도였다"라고 말할 정도로 두 사람의 결혼을 축하해 주었다.

김애식은 이화여전에서 교수를 역임하면서 교육받은 여성으로서 구식 주택과 생활 습관을 개선하는 일에도 앞장섰다. 많은 사람들의 축복 속에서 꾸린 가정은 구시대의 악습과 허례허식에서 벗어난 신 가정의 모범이 되었던 것이다. 김애식은 이화여전의 음악 선생님으로, 피아니스트로 유명했던 그녀의 숙련된 기술은 모르는 사람이 없을 정도였다. 그러나 결혼 후 그는 가정 생활에 더 중점을 두었다. 한동안 교육 활동 및 교내 음악회에만 활동한다고 하여 아쉬워하는 사람들도 많았다.

두 사람의 생활은 주위의 사람들에게 큰 관심사였다. 서양 사람들의 생활과 똑같이 한다고 비난을 받기도 하고, 부러움을 사기도 하였다. 그러나 실제로 김애식은 생활하는데 있어 한국과 서양의 좋은 점을 취하고자 하였다. 무조건 미국의 것만을 좇지는 않았던 것이다. 부부관에 있어서도 사랑하는 친구처럼 대하는 것이라고 하였다. 당시 남편 정일사는 세브란스 병원의 의사로 재직하고 있었으며 집안의 지극히 사소한 일이라도 서로 돕는 것을 당연히 여기며 살았다. 그리고 정일사는 김애식의 예술과 음악 활동에 많은 이해를 보여주었다고 한다.

김애식은 결혼 후 한식 가옥을 개조하고 구 가족제도의 개혁과 생활 간소화 등 신생활을 몸소 실천하는 새 가정을 만들어나가고 이것을 통해 여성의식을 높이는데도 주력하였다. 1927년 1월 1일 조선일보 신년호에 게재된 여류명사 가정문제합평회에서 김애식은 주택문제에 대하여 "온돌을 없애고 침대에 더운 물주머니를 넣고 마루를 응접실로 꾸며 화덕을 피우게 하고 목욕탕을 설치하고 찬장이나 옷장은 붙박이로 만들면 편리하다. 재래의 다락, 벽장, 골방들을 뜯어 적당히 개선하면 훌륭하게 될 것이다"라고 말하였다. 위생 문제에 관심이 많았던 김애식은 공동목욕탕에서 전염되는 병들에 대해 언급하며 집집마다 목욕탕 설치를 강조하였다. 다른 참여자들로부터 경제적 문제의 어려움 등을 모르는 사람의 의견이라고 비난을 받기도 하고, 또 다른 한편에서는 당시 한국 사회에서 이런 생각은 실현성이 매우 희박하다는 비난을 받기도 하였다.

이외에도 김애식은 식전에 여러 가지 일을 분배하여 한 가지씩 책임을 지어 시키기로 노력하는데 한 사람은 마당과 문 앞을 쓸고, 또 한 사람은 각 방의 청소를 하고, 가까운 시장 같은 곳에 채소를 사러 가는가 하면 또 한 사람은 가까운 산에 가서 약수를 떠오는 등 가사 분담을 생활화하고자 하였다. 이것은 가정내 부부뿐 아니라 아이들에게도 몸에 익히도록 하였다. 김애식은 정일사와의 사이에 두 아들이 있었다. 아이들에게는 흥미를 높이기 위해 맡은 일을 잘 실행했을 경우에 점수를 주고, 한 달에 한 번 이 점수를 따져 용돈을 주면 좋다는 의견을 내놓기도 하였다. 그리고 토요일이나 일요일에는 음악회나 강연회 등을 다녀와 서로의 소감을 이야기하는 자리를 만들어 가정의 화목을 이끌어가야 가는 것이 중요하다고 말하였다.

김애식은 가족 생활에 있어서도 부부 중심 생활의 중요성을 이야기하며 이것을 실천해 나갔다. 특히 그는 '직업과 가사를 같이 할 수 있는가'라는 질문에 대해 "사실인 즉 만일 규율있게 시간만 조직해서 잘 쓴다면 하로 몇 시간 직업을 위해 나가는 것은 도모지 해도 없고 오히려 이익이 많습니다"라며 규칙적이며 체계적인 시간관리의 필요성을 강조하였다.

김애식은 해방 이후에 더욱 후진 양성에 매진하였다. 이화여전이 이화여자대학교로 종합대학이 되었기 때문이었다. 그리고 해방 이후 남편 정일사는 1946년 4월 4일부터 1947년 6월 28일까지 전라북도 도지사를 역임했다. 그러나 1947년 6월 전라북도 도지사를 그만두고 김애식이 몸담고 있는 이화여자대학의 교무처장이되었다. 그러나 안타깝게도 1948년 8월 19일 심장질환으로 북아현동 자택에서 사망하였다.

김애식 또한 1950년 11월 전쟁중에 사망하였다. 김애식은 사망할 때까지 이화에서 가르쳤다. 김수자

참고문헌

김경일, 신영숙, 정현주, 이상경, 김성은, 『한국근대여성 63인의 초상』, 한국학중앙연구원출판사, 2019.

김성은, 『1920~30년대 미국 유학 여성지식인의 현실인식과 사회활동』, 서강대학교 박사학위논문, 2012.

이화백년사편찬위원회, 『이화백년사』, 이화여대출판부, 1986.

최은희, 『한국개화여성열전』, 정음사, 1985.

「뜨거웠던 이화 최초의 졸업식을 살펴보다」, 『이대학보』, 2020.8.28.

「미주동포들은 독립선언 당시의 진상을 기념」, 『신한민보』, 1923.3.8.

「신춘악단을 장식할 유겸자 여사 독창」, 『시대일보』, 1924.4.2.

「오레곤 동포의 좋은 모임」, 『신한민보』, 1921.12.8.

2장

여성의 직업권을 실천한 여성

1. 최초의 한국 서양의학 의사, 김점동(박에스더)

한국 여의사의 역사는 근대화 이후 여성 사회진출에서 대단한 역사성을 가진다. 여의사라는 직업은 여성으로 드물게 존중받는 이상적 전문직이었다. 첫 한국인 서양의사 김점동의 탄생은 이후 다양한 분야 여성과학자들로 분화되며 첨단과학에 이르기까지 여성 약진이 진행되고 있다.

우리나라 최초의 의사로 알려진 서재필이 쑨원(孫文) 같은 의사가 되려고 미국 콜롬비아 대학교 의과대학(현 조지 워싱톤 의대)을 졸업하고 의사가 된 해가 1892년이다. 8년 후 1900년, 우리의 첫 여의사 김점동(박에스더: 남편 이름이 박여선)이 의사가 되어 귀국한다. 실상 서재필은 병리학자로 한국에서의 활동은 독립신문 발행, 외교관, 중추원 고문 등의 국가 자문관이었으므로 우리나라 최초로 환자를 돌본 서양의학 의사는 김점동, 즉 박에스더다. 한편 일본에서 근대의학을 공부한 김익남[1]도 1900년 8월 2일 귀국 후 의학교 교관으로 후에 환자를 보기 시작한다. 결국 환자를 돌보는 의사로는 서양의 4년제 의대교육을 마치고 돌아온 김점동이 첫의사다. 그녀는 의사가 되자 바로 귀국하여 그녀 삶 모두를 바쳐 환자 진료와 보건교육에 온 힘을 다했고, 환자들을 치료하는 과정에서 당시에는 불치병이던 폐결핵을 얻어 사망하였다.

1900년 첫 의사 김점동 이후, 대한민국 전체 의사는 2021년 3월 기준 132,375명, 여의사 35,429명으로 26.8%에 달한다.[2]

김점동의 출생과 이화학당, 보구여관(普救女館)과의 인연

　김점동은 1877년[3] 3월 16일 서울 정동에서 광산 김씨 김홍택과 연안 이씨의 4녀 중 셋째딸로 태어났다. 점동은 아버지 김홍택이 1885년 내한한 미국 선교사 아펜젤러(H.G. Appenzeller)의 집에서 일하게 된 인연과 집안 사정[4] 등이 겹치며 1886년 5월 문을 연 이화학당의 4번째 학생으로 11월 합류하게 된다. 당시 아펜젤러는 1885년 9월부터 집에서 2명의 학생을 가르치고 있었고(배재학당의 시작) 같은 시기 내한하고 이웃에 살던 감리교 선교사인 의사 스크랜튼(William B. Scranton, MD)[5]의 어머니 스크랜튼 대부인(Mary E. Scranton, 1832~1909)은 1886년 5월경부터 이화학당을 시작하였으므로 선교사들의 생활과 서양문물을 지켜본 김홍택의 결정은 자연스러운 결정이었을 것이다.

　서양의 여선교사와 함께 생활하며 교육받는 이화학당에서 여선교사들은 선생님이자 어머니자, 언니들이며 가족이었을 것이다. 이화학당은 학생들에게 가정이었다. 스크랜튼 선생님 혼자 여러 명의 학생들을 돌보며 가르치는 초기 이화학당의 하루를 머리에 그려보자. 가정이자 학교인 이화학당에서 공부하고, 놀고, 자신들이 기거하는 방도 치우고, 자신을 돌보며 서로를 자매로 아끼며 지냈을 것이다. 영어로 소통이 원활히 안되는 환경에서 시작했지만 그랬기에 공부하려고, 생존하기 위해 빠르게 영어를 습득할 수 있었을 것이다. 1988년에 이르러서는 점점 학생이 많아져서 13명이 되었다.

　스크랜튼 대부인의 요청으로 미국에서 1887년 10월에는 여성 교육자인 이화학당 제2대 당장 루이자 로드와일러(Louisa Rothweiler, 1853~1921)

이화학당 첫 한옥교사
(출처: 이화역사관)

와 여의사 메타 하워드(Metta Howard, 1862~1930)가 내한했다. 1887년 10월 31일 하워드가 진료를 시작한 이 병원이 바로 이대의료원 전신인 보구여관(普救女館)이다. 1889년 4월엔 스크랜튼 부인의 전도로 기독교인이 된 한국인 이경숙이 이화학당에 합류한다. 1890년 10월 여의사 선교사인 로제타 셔우드(Rosetta Sherwood, 1865~1951)와 마거릿 벵겔(Margaret Bengel, 1869~?)이 내한한다. 이들과 1892년 부임한 이화학당 제3대 당장 조세핀 페인(Josephine Paine, 1869~1909)들에 의해 이화학당에서는 더 나은 한국인을 만드는 교육이념에 따라 여러 다양한 교육이 시행되었다. 점동은 그 시기에 다른 학생들과 같이 상기한 이화학당 교육 선교사들에 의한 교육뿐 아니라 이화학당에서 교육을 도와주던 한국 주재 여선교사들과 선교사 부인들에게서도 다양한 수업을 들었다.

이화학당에서 생활하던 11세 김점동은 1888년 장마철 어느 날 밤, 천둥 번개의 요란한 빗소리에 두려움을 느끼다가 하느님께 기도한 후 평화를 얻는 회심의 순간을 경험했고 그 이후 자신의 방에서 작은 기도회를 마련하고 매일 밤 기도회를 열었다. 이 기도회가 바로 한국 여성의 첫 번

보구여관(普救女館) 초기 전경
(출처: 이화역사관)

째 자발적 기도 모임 시초라고 알려져 있다. 김점동의 신앙도 이화학당에서의 시간만큼 성장해 가고 있었다.

김점동은 여의사 로제타 셔우드의 등장으로 획기적인 삶의 전기를 맞는다. 1887년 10월 31일 정동 감리교 교회자리 시병원에서 시작되어 1888년 11월 이화학당과 같은 담장 안으로 옮겨진 여성병원 보구여관에서, 그간 영어가 익숙해진 점동과 몇 친구들은 1890년 10월 24일부터 로제타를 도와 한국 여성들 진료 시, 통역과 간단한 치료 보조역할을 하게 되었다.

로제타가 서울에 온 지 1달이 채 안된 1890년 11월 11일 로제타는 4년전 화상으로 오른손 손바닥에 엄지와 검지를 제외한 손가락이 붙어 있어 치료받기 위해 시골에서 올라온 16살 소녀를 수술하였다. 3시간 동안 진행된 섬세한 절개수술과 이후 필요한 피부이식 과정에서 환자가 자가 피부이식을 거절하자 로제타 자신의 피부를 환자에게 이식하는 것을 본 점동은 "저는 아마도 제 친자매거나 선생님이라면 피부를 떼어 줄 수 있겠지만 남이라면 도저히 못해요."라며 몹시 놀라워했다고 한다. 이후 30여

로제타 셔우드 홀과 로제타 홀 일기(1-6권
으로 되어 있다)
(출처: 이화역사관 및 필자 소장자료)

개 피부조각을 이식하는 가운데 이화학당 학생 봉업, 교사 로드와일러와
벵겔 등도 피부를 기증하겠다고 했고 환자의 오빠와 환자도 피부이식에
찬동했다. 16세 소녀 환자는 좋은 수술결과와 피부이식으로 잘 회복되었
다. 점동은 초기에는 수술을 불편해 했으나 자신의 의무를 다하기 위해
놀랍게 열심히 노력했다고 로제타는 기록하고 있다. 많은 점동에 대한 기
록은 로제타 홀 일기에 근거한다.

　1891년 신학기 시작 전 겨울방학부터 로제타는 자신을 돕는 김점동과
일본인 소녀 오가와에게 생리학을 가르치다가 신학기부터는 다른 세 학
생(봉순, 꽃님이, 여메레)에게도 일주일에 한번씩 체계적으로 생리학 수업
을 했다. 동시에 보구여관에서 약을 조제하고 환자 돌보는 방법에 대해서
도 지도하였다. 이 다섯 명의 소녀들을 로제타는 특히 주목하며 아꼈다.

　한편 점동은 1888년 하반기에 시작되었던 기도 모임으로 신앙심이
깊어지며 만 13세였던 1891년 1월 25일, 프랭클린 올링거(Franklin
Ohlinger) 목사에게 에스더(Esther)[6]라는 세례명을 스스로 선택하여 세
례를 받아 진정한 기독교인이 되기를 결정했다. 이때부터 점동은 에스더

로 불렸다. 생활환경 상, 미국 선교사들 틈에서 에스더 이름으로 더 자연스럽게 불렸을 것이다. 에스더는 구약성서 에스더서에 나오는 페르시아 왕비로 자신의 동족인 유대인을 구하는 왕비다. 에스더는 '별'이라는 뜻이다. 필자는 이 어린 나이에 점동이 특별한 영적 이름을 선택했음에 주목한다. 일생, 결혼 후에도 계속 가문의 성과 이름을 쓰는 우리나라 문화는 중요하므로 김점동은 존중되어야 마땅하나 이후 기록에는 점동이 선택한 이름 에스더도 존중하려 한다.

현재로 보면 중학교 2학년 나이인 14살 되던 해인 1891년 3월 말경부터는 점동은 보구여관에서 이미 능숙한 조수 역할을 하였다. 생리학 수업도 영향을 미쳤으리라 짐작된다. 오가와가 없을 때도 점동 혼자 약도 조제하고 수술 조수로서도 손색이 없었다고 로제타는 기록하고 있다. 일 예로 생리학 수업을 시작할 때는 뼈를 만지기도 두려워하고 사진도 간신히 볼 정도였던 점동이 신체 외부강의 중 피부가 끝나기도 전에 뼈를 배우고 싶어 했다. 점동은 모든 것을 빨리 배우고 익혔으며 환자들이 오면 로제타 진료 전에 로제타가 알면 좋을 필수 문진을 마쳤으며, 흔한 병에 대한 로제타의 처방도 모두 익혀 놓았다. 로제타는 이런 점동을 보며 훌륭한 의사가 될 자질이 있다고 생각했다. 1891년 3월 29일 로제타 일기[7]는 점동에 대해 다음과 같이 적고 있다.

나는 그녀에게 최선을 다해 모든 것을 가르쳐주고 싶다. 그리고 그녀가 계속 이 길을 간다면, 적당한 때 미국에 보내 학위를 받게 하는 것도 현명한 처사라 생각된다. 물론 지금 관습으로는 그녀가 외부에서 일을 할 수 없지만, 그냥 이곳 병원 내에 남아 있기만 한다 해도 더 바랄 게 없겠

다. 그러면 그녀 자신은 물론이거니와 다른 이들을 훈련시키는 사역에
도 큰 도움이 될 것이다. 전지하신 하느님께서 이 일에 관여하셔서 그녀
와 우리를 인도해 주시기를 기도한다.

로제타는 1891년 3월과 4월, 총 4건의 구순구개열 수술(언청이 수술)
을 했는데, 점동은 수술 보조를 능숙하게 했다. 이 간단한 수술이 여성들
의 일생에 엄청난 반전을 가져와 새로운 삶을 살게 되는 것을 목도한 점
동은 의사가 하는 일이 참으로 아름다운 일임을 깨닫게 된다. 이 과정에
서 점동은 반드시 혼자 힘으로 수술을 할 수 있는 의사가 되겠다고 결심
했다고 로제타의 아들 셔우드 홀[8]은 전한다.

로제타 홀 일기 1891년 8월 15일 기록[9]에 의하면 로제타가 첫 10개월
간 보구여관에서 치료한 환자수는 2,359명, 82명의 왕진환자가 있었고
35명의 입원환자가 있었다. 처방전 발행건수가 6,000건이 넘었는데 한
국어를 전혀 못했던 로제타 혼자 이 모든 일을 할 수 없는 방대한 진료건
수에 점동과 소녀들의 조력은 절대적이었을 것이다. 이 시기 점동의 편지
에서 로제타를 선생님으로부터 언니 호칭으로 변화하는 것을 관찰할 수
있는데, 둘 사이는 선생과 제자 사이를 넘어 더 가까운 자매애가 흐르고
있음을 미루어 짐작할 수 있다.

1891년 로제타의 약혼자인 의사 선교사 윌리엄 홀(William J. Hall)이
내한하여 1892년 6월 27일 결혼식을 하고 3개월간 서울에서 윌리엄은
시병원에서, 로제타는 보구여관에서 환자들을 돌보며 생활하다가 윌리엄
홀은 평양으로 의료사역을 하기 위해 출발했다. 1892년 9월 30일 평양에
도착해 의료사역을 하는 동안 로제타는 서울에서 1893년 3월 15일부터

동대문에 진료소를 열고 일주일에 2번씩 진료했다. 서울에 다시 온 윌리엄은 로제타와 함께 평양으로 의료선교를 하러 갈 계획을 세웠다.

김점동의 결혼

한편 점동은 1892년 가을부터 당시 결혼 적령기인 16세가 가까워지자, 어머니의 염려와 함께 집안으로부터 결혼 압력을 받았다. 로제타에게 쓴 점동의 편지에, 선교사들이 점동의 신랑감을 찾아주지 않으면 하느님을 믿지 않는 남자라도 결혼을 시키겠다는 어머니의 주장을 적으며, 자신은 어떤 상황이라도 평양이든 어디든 함께 가겠다는 마음을 담았다. 점동은 언젠가 미국에 가서 의학을 공부한다는 꿈을 가지고 있던 터라 결혼에는 관심이 없었다.

1893년이 되어 점동의 신랑감을 선교사들이 물색하던 중, 윌리엄 홀이 1892년 가을 평양으로 가면서 고용했던 마부로, 자신의 영향으로 기독교 신자가 된 박여선을 추천했다. 박여선은 윌리엄의 주선으로 학교에 다니

김점동과 박여선의 결혼사진
(출처: 이화역사관)

'여권통문', 새 세상을 열다

며 한글, 한자, 영어 등을 배우면서 선교 사업도 돕고 있었다. 윌리엄이 박여선에게 결혼에 대하여 말하면서 신부가 하느님을 충심으로 섬기면서 일하는 여자를 원하는지 자신을 위해 음식과 바느질을 잘하는 여자인지를 물으니 박여선이 '하느님을 위하여 일할 수 있는' 여인이 더 좋다고 하는 답변을 듣고 로제타와 의논하여 신랑감으로 추천하기에 이른다. 점동의 어머니는 마음에 들어하지 않았다. 점동도 3일간 뜬 눈으로 고민한 끝에 그 당시 우리 관습에 결혼할 수 밖에 없다는 사실과 하느님을 믿지 않는 사람과는 결혼할 수 없다는 입장으로 결혼에 임한다.

1893년 5월 5일, 만 16세의 점동은 9살 위 박여선과 약혼하고 5월 24일 기독교 예식으로 결혼했다. 결혼한 점동은 의학공부도 열심히 하고 환자 진료에도 더욱 적극적으로 임했다. 쪽진 머리로 오히려 왕진갈 때 자유롭게 되었고, 일반인들로부터도 더 존경받을 수 있었다.

점동은 봄부터 남편과 평양에서 여성들을 위한 진료를 계획하고 있던 로제타를 따라 평양으로 의료선교를 함께 갈 계획이었다. 그러나 로제타가 출산을 앞둔 상황이어서 여전히 서울 보구여관에서의 의료활동에 매진하였다. 1893년 11월 10일 로제타가 셔우드 홀을 출산하고 시간이 조금 흐른 1894년 5월 4일, 로제타와 점동은 제물포항을 떠나 평양으로 가는 고기잡이배에서 고생 끝에 5월 8일 평양에 도착했다. 평양 관아의 박해가 가해지는 어려운 중에 잠시 환자를 돌보다가 동학농민봉기 등 정치사회적 문제로 평양에서 철수하고 6월 11일 제물포로 귀향했다.

이러한 불안정한 상태에서 이주와 박해를 겪고 청일전쟁의 한 가운데 점동은 1894년 9월 초 1.8 kg의 남아를 조산하게 되는데 태어난 지 36시간 만에 사망하는 슬픈 경험을 한다. 평양이 청일전쟁의 전투장이었던 터라 윌리엄은 서둘러 10월 1일 평양으로 떠났고 10월 8일 도착하여 분주히 부상자 치료에 임했다. 지속되는 격무와 말라리아로 다시 서울로 오게 되는데 발진티푸스가 겹쳐 11월 19일 서울에 도착한 윌리엄 홀은 로제타의 정성을 다한 치료에도 불구하고 11월 24일 결국 영면하였다.[10] 남편 사망 후 미국으로 돌아가기로 결정한 로제타에게 점동은 자신도 데려가 달라고 간청하였고 미국 선교부에 도움을 요청하여 점동 가족도 함께 미국에 가기로 결정되었다.

1894년 12월 7일 임신한 상태의 로제타 홀은 아들 셔우드 홀과 김점동 부부와 함께 일본을 경유하여 미국으로 향했다. 샌프란시스코를 거쳐 뉴욕행 기차를 타고 1895년 1월 14일 로제타의 고향 리버티 집에 도착하였다.

미국에서의 에스더, 김점동

미국에 도착하자마자 로제타는 딸 이디스(Edith Hall)를 출산하였고 점동은 로제타 옆을 지켰다. 의과대학 입학을 하기 위해서도 많은 준비가 필요하여 미국에 정착하자마자 2월 1일 리버티 공립학교에 입학하여 미국 고등학교 과정을 밟았다. 이때부터 미국관습에 따라 박에스더로 불리게 된다. 남편 박여선이 운명을 달리할 때까지 결혼기간은 7년이고 그 중 미국생활은 5년, 미국에서도 박에스더와 박여선은 여러 여건으로 같이 있는 날이 많지 않았다. 김점동, 그녀의 한국 이름이 현재도 존중되었으면 하는 마음이다. 한편 필자는 13세에 자신이 선택한 세례명인 '에스더'에 주목

미국에서의 김점동 부부와 로제타 홀 가족
(출처: 이화역사관)

하는데, 소녀시기에 자신이 선택한 '별: 에스더'에 점동은 큰 의미를 두었
으리라는 짐작이다. 또한 미국체류 시기에는 에스더로 불리웠을 것이므
로 자신이 선택한 이름, 에스더도 함께 존중하며 이후 에스더로 칭한다.

　에스더는 주중에는 리버티 시내에서 기숙하며 공립학교를 다녔고 주말
에는 로제타 아버지의 농장으로 돌아왔다. 그동안 남편 박여선은 농장에
서 일하며 월급을 받아 에스더의 공부를 도왔다. 방학이 되어 가족 모두
가 캐나다의 윌리엄 홀 부모님 댁을 찾아, 5주간 머물며 근처 교회들에서
한국 경험을 이야기하는 가운데 그들이 에스더의 학비 모금도 해주었다.

　다시 리버티로 돌아온 후 1895년 10월 1일부터 에스더는 뉴욕시의 유
아병원에서 일년 가량 수간호사보조로 일하며 생활비를 벌면서 의대 입
학을 위한 라틴어, 물리학, 수학 등을 개인과외를 받으며 열심히 준비
했다. 이 시기에 에스더는 1896년 2월 21일 딸을 낳았는데, 폐렴에 걸

려 3월 13일 아기가 세상을 떠났다.[11] 또 다시 아기를 잃은 아픔을 딛고 에스더는 1896년 10월 1일, 드디어 볼티모어 여자의과대학(Baltimore Women's Medical College)에 19세 최연소 학생으로 입학했다.

한편 1896년 9월 로제타는 뉴욕에 있는 국제의료선교회에서 일하게 되어 박여선과 아이들과 함께 뉴욕에 이주하게 되었고, 한국에서는 로제타와 친지들의 도움으로 1897년 2월 1일 '윌리엄 홀 기념병원(일명 기홀병원)'이 평양에 개원하게 되었다. 로제타는 한국으로 돌아가서 계속 의료선교를 하기로 결정하였다. 에스더의 어려움도 알고 있는 터라 에스더에게도 한국에 함께 가기를 물었으나 에스더는 강한 의지로 어떠한 어려움도 극복하며 학업을 마치겠다고 로제타에게 편지를 썼다. 로제타는 아들 셔우드와 딸 이디스를 데리고 1897년 9월 6일 한국으로 떠난다. 에스더의 의업에의 강한 의지를 볼 수 있는 편지[12]는 다음과 같다.

저는 당신이 저 때문에 한국으로 돌아가는 것이 지체되는 것을 원하지 않습니다. 저는 당신이 한국으로 돌아가 제가 준비될 때까지 우리의 불쌍한 자매들을 도왔으면 합니다. 저는 하느님이 저를 돕기 위해 훌륭하고 헌신적인 친구를 보내줄 것이라고 믿습니다. 저는 의사가 되기 위한 공부를 포기할 수 없습니다. 제가 지금 이것을 포기하면 다른 기회가 오지 않을 것을 알고 있습니다. 저는 최선을 다해 노력할 것이고, 최선을 다한 후에도 배울 수 없다면 그때 포기하겠습니다. 이전에는 아닙니다.

교육받은 지성적 여성의 당찬 포부였다. 그렇다. 에스더는 20세 비교적 어린 나이임에도 인생을 자신의 선택으로 나아가겠다고, 최선을 다하여 자신의 삶을 개척할 것을 천명했다.

이렇게 열심히 의학수업에 몰두해 있는 에스더에게 1899년, 졸업을 한 해 앞둔 시점에 에스더를 물심양면 지원하던 남편 박여선이 폐결핵으로 병원에 입원하게 된다. 에스더는 독지가들의 도움도 있었지만 낮에는 의학공부를 하며 남편의 병원비와 생활비를 벌어야 했고 남편 병간호도 해야 했다. 에스더의 치열한 노력에도 불구하고 남편 박여선[13]은 에스더의 졸업시험이 얼마 남지 않았던 1900년 4월 28일 사망했다. 볼티모어 로렌파크 공동묘지에 묻히니, 결혼한 지 만 7년이 안 된 시점이고 에스더 나이 23세였다. 이 슬픔에도 졸업시험을 우수하게 통과한 에스더에게 미국에서 의사로 활동할 기회가 주어졌다. 그러나 그녀는 이를 거절하고 한국 여성과 국민을 위해 생을 바치겠다는 생각으로 졸업과 함께 귀국한다. 1894년 12월 7일 에스더는 서울을 떠난 이후 6년간의 미국 생활을 마감하고 의사가 되어 미국 북감리교 여성해외선교회의 의료선교사로 임명되어 1900년 10월 귀국하였다.

귀국 후 평양 기홀병원에서의 의료활동

귀국한 에스더는 바로 로제타가 일하고 있던 평양 광혜여원으로 가서 합류한다. 한편 1897년 11월에 한국으로 다시 돌아왔던 로제타는 서울 보구여관에서 환자를 진료하다가 1898년 5월에 가족 모두 평양으로 이주하였는데 가자마자 세 가족 모두 이질(shigellosis)에 걸려 이때 딸 이디스를 잃게 되었다. 슬픔 중에도 '기홀병원'은 1898년 평양의 여성병원인 광혜여원을 개원하고 이어서 이디스를 추모하며 1899년 이디스 마거릿 어린이 병동을 개설했다. 미국체류기간 동안 한국의 맹인들을 위한 특수교육 공부까지 한 로제타는 평양에 맹인학교를 세우고 이어 외국인 학교도 설립했다.

에스더가 평양에 도착하고 10개월간 로제타는 간간이 모든 일을 에스더에게 맡기고 지방 선교 활동을 전개하기도 했다. 평양에서의 그 기간 동안 진료한 진료건수는 2,414건에 달하여 에스더의 큰 역할을 엿볼 수 있다. 시작은 보조의사였으나 로제타가 에스더를 얼마나 믿음직한 동료로 의지하고 있었는지 로제타의 일기를 통해서 알 수 있다. 로제타가 격무로 쇠약해진 바람에 1901년 3월에는 에스더에게 모든 일과 아들 셔우드도 전적으로 맡기고 요양을 위해 서울로 간다. 로제타는 요양을 위해 안식년으로 미국에 1901년 6월 7일 돌아가게 되고 그동안 보구여관을 맡았던 여의사 메리 커틀러도 안식년으로 미국에 가게 되어 보구여관을 에스더가 책임지게 된다. 평양 광혜여원은 당시 동대문 진료소를 맡고 있던 릴리언 해리스(Lillian Harris, 1865~1902)가 맡도록 이동이 결정되었다.

다시 보구여관으로...

1901년 7월부터는 어린 시절 의학에 눈떴던 보구여관의 책임의사로 에스더가 부임하여 환자들을 치료하게 되었다. 왕진도 활발하였다. 보구여관 지소 여의사 엠마 언스버거(Emma F. Ernsberger, 1862~1934)와도 서로 돕고 세브란스병원의 의사 에비슨의 도움도 받으며 보구여관을 운영하였다. 진료하는 외에도 한국의 상황이 미신적 치료에 많이 의존하는 환자들 현실에 보건교육도 열심히 했다.

1902년에는 콜레라가 창궐하여 많은 사람이 죽음을 맞았다. 적극적인 치료를 위하여 전도부인과 함께 환자들 집까지 방문하여 약을 주며 치료에 앞장섰다. 보구여관 진료사업은 나날이 확장되었다. 이 해, 에스더가 진료한 건수가 130여 왕진과 1,230건의 초진, 2,017건의 재진 등 총 3,377건이었다. 에스더는 업무시간은 물론 끝난 시간에도 진료를 마다하지 않았고, 일요일까지도 치료에 임했다. 휴가 때마저도 매일 집으로 찾아오는 환자들을 치료했다. 이때 에스더의 의료활동에는 전도부인인 데레사와 두 조수 김배세(김점동의 동생), 이그레이스가 있었다. 1903년 서울 보구여관 근무 말미 시기에는 간호원양성소를 만드는 임무를 띠고 입국한 간호선교사 마거릿 에드먼즈(Margaret J. Edmunds, 1871~1945)의 간호원 양성소 설립과정을 도우며 관여했다.

1903년 3월 20일 안식년을 마치고 여의사 커틀러가 보구여관으로 돌아오자 에스더는 다시 평양으로 갔다. 1903년 에스더가 로제타와 함께한 진료건수는 입원, 왕진, 외래 합하여 4,857건을 치료했다. 1904년에는 러일전쟁으로 혼란하여 평양을 피해 잠시 서울로 왔다가 시국이 안정되자 곧 평양으로 귀환했다. 이 해, 두 의사 진료건수는 8,638건으로 기록되어 있다. 진료의 내용은 안과 질환이 가장 많고 피부병, 귓병, 부인병, 치아병 등의 순이다. 방광질루 수술들로 고통받는 여성들의 삶의 질을 획기적으로 개선하기도 하였다.

에스더는 진료뿐 아니라 기독교를 전파하는 데에도 열심이었다. 위생과 성경강의를 동시에 했다고 한다. 전도사업을 위해 일년에 수백군데

1909년 '초대 여자 외국 유학생 환영회'에서
메달을 받고 찍은 사진 (출처: 이화역사관)

를 다녔다고 하니 얼마나 열심히 하느님 사업을 위해 일했는지 추정할 수
있다. 1903년 가을에는 여성해외선교회로부터 선교활동지역으로 황해
도 700리를 할당받았다고도 한다. 최선을 다하는 활동에서 주민들 삶에
열정과 정성을 다한 자신의 행동으로, 교육으로 깊은 영향을 주게 되었
을 것이다. 선교활동과 의료활동의 와중에 건강을 차츰 잃게 된 에스더는
1905년에는 폐결핵으로 자리에 눕게 된다. 9월 요양차 중국 남경으로 갔
다가 돌아와서는 간헐적으로 의료, 전도사업에 임하다가 몸이 더 쇠약해
지면서는 번역, 주일학교 일을 돕는 역할들을 하게 되었다.

1909년 4월 28일 언더우드, 윤치호, 김필순 등의 발의로 외국에서 유
학한 후 헌신적 사회활동을 하고 있는 박에스더, 윤정원, 하란사 3인이 초
청되어 '초대 여자 외국 유학생 환영회'가 열렸다. 내·외빈 700여 명이 참
석한 환영회였다. 일찍이 유학을 다녀와 신학문을 익히고 한국 의료 근대
화에 이바지하고 있던 박에스더의 헌신적 활동이 국가적으로 인정을 받
은 행사로, 서울 장안의 흠양을 받았다.

1909년 가을 성경학교를 마지막으로 에스더는 평양에서 서울로 와서
작은언니 신마리아 집에서 투병생활을 하다가 1910년 4월 13일 이 세상

을 하직하였다. 귀국 후 최선을 다하여 국민들을 치료하고 교육하고 하느님의 말씀을 행동으로 전하며 국민과 하느님께 헌신하던 의사 김점동, 박에스더가 결국 진료현장에서 폐결핵에 걸려 짧은 생을 마감하기까지의 활동을 간략히 표로 정리하면 다음과 같다.

연도	활동지역	활동내용
1900.10 ~ 1901.05	평양	기홀병원(광혜여원 및 어린이병동) 보조의사
1901.06 ~ 1903.03	서울	보구여관 의사
1903.03 ~ 1904.03	평양	광혜여원 보조의사 및 황해도 구역 전도사업
1903.04 ~ 1905.05	평양	광혜여원 보조의사 및 신계 구역 전도사업
1905.05 ~ 1910.04	평양	광혜여원 보조의사 및 평양시 전도사업

안명옥, 이방원

참고문헌

김상덕, 이헌정 편,『자료로 살펴 본 여자의학강습소』, 도서출판 한림원, 2003.

로제타 홀(김현수·강현희 역/양화진문화원 편),『로제타 홀 일기 2(1890.9.24.~1891.5.17)』, 홍성사, 2016.

로제타 홀(김현수·강현희 역/양화진문화원 편),『로제타 홀 일기 3(1891.5.15.~1891.12.31)』, 홍성사, 2016.

로제타 홀(김현수·강현희 옮김/양화진문화원 편),『로제타 홀 일기 4(1892.3.8.~1894.10.1)』, 홍성사, 2016.

로제타 홀(김현수·문선희 옮김/양화진문화원 편),『로제타 홀 일기 5(1893.11.10.~1902.11.10)』, 홍성사, 2017.

로제타 홀(김현수·문선희 옮김/양화진문화원 편),『로제타 홀 일기 6(1895.1.18.~1900.5.23.)』, 홍성사, 2017.

박형우,『한국근대서양의학교육사』, 청년의사, 2008.

박형우, 윌리암 제임스 홀(William James Hall),『延世醫史學』 2002, 제5권 제1호. 1-8.

셔우드 홀 (김동렬 역),『닥터 홀의 조선회상』, 좋은 씨앗, 2003.

안명옥, 김점동(박에스더), 여자의사 120년 ① 김점동(박에스더), 최초의 한국 서양의학 의사 120년, 『여성신문』, 2020.8.26, 1608~1609 합병호 10쪽.

안명옥, 김점동(박에스더), 여자의사 120년 ② 한국 근대 여성교육과 서양의학의 시작, 『여성신문』, 2020.9.16, 1611호 10면

안명옥, 김점동(박에스더), 여자의사 120년 ③ 김점동, 박에스더가 되다,『여성신문』, 2020.9.23., 1612~1613 합병호 10면

안명옥, 김점동(박에스더), 여자의사 120년 ④ 국민과 하느님에 헌신한 의사의 삶,『여성신문』, 2020. 10.7., 1614호. 10쪽.

여인석, 이현숙, 김성수, 신규환, 김영수,『한국의학사』, 역사공간, 2018.

이방원,『박에스더』, 이화여자대학교출판문화원, 2018.

한국여자의사회,『한국여자의사 90년』, 의학출판사, 1986.

주

1 김익남(金益南, 1870~1937) 1899년 도쿄 자케이의원 의학교 3년을 졸업하고 자케이 의원에서 일하다가 1900년 8월 2일 귀국하여 곧 의학교 교관으로 일한다. 11월 22일에 주임관 6등 의학교 교관에 임명되었다. 1902년에는 콜레라 창궐로 임시위생원 의사로 임명되어 활동하였고 의학교에서 강의가 없을 때는 집에서 환자를 진료하였다고 한다. 박형우, 한국근대서양의학교육사, 2008, 99~101쪽.

2 2021년 초, 국가고시 합격자까지 포함한 숫자. 한국보건의료인국가시험원 통계, 보건복지부의 통

계는 아직 2018년까지의 숫자만이 공식발표 되었다.

3 김점동의 생년에 대하여는 여러 저술에 1876년, 1877년, 1879년 등 다양하나 미국 생활 중 작성한 센서스의 기록에 생년이 1877년으로 기록되어 있으므로 이를 근거로 1877로 표기한다.

4 김점동의 집안에서는 딸만 셋 있는 집안에서 넷째 딸이 갓 태어나자 숙식이 해결되고 교육의 기회가 있는 이화학당에 1886년 11월, 9살 된 셋째딸을 입학시켰다.

5 스크랜튼(William Benton Scranton) (1856~1922) : 한국명 시란돈(施蘭敦), 1885년 5월, 미국 북감리교회에서 한국에 파송한 의료선교사로 내한직후에는 제중원에 근무하였고, 후에 서울 시병원과 아현교회, 상동교회, 동대문교회 등을 설립하였다.

6 에스더(Esther), 구약성서 에스더 서에 나오는 페르시아 왕비로 유대인, 자신의 동족을 구하는 왕비이다. 에스더 자체가 '별'이라는 뜻도 있다.

7 로제타 홀 일기, 1891년 3월 29일, 로제타 홀 (김현수·강현희 역/양화진문화원 편), 『로제타 홀 일기 2 (1890.9.24.~1891.5.17)』, 210쪽, 홍성사, 2016, 210쪽

8 셔우드 홀(Sherhood Hall); 윌리암 홀과 로제타 셔우드의 아들, 의사로 결핵퇴치를 위하여 한국에서 크리스마스 실을 처음 발행한다.

9 로제타 홀 일기, 1891년 8월 15일, 로제타 홀 (김현수·강현희 역/양화진문화원 편), 『로제타 홀 일기 3 (1891.5.15.~1891.12.31.)』, 54쪽, 홍성사, 2016

10 로제타 홀 일기, 1894년 12월 10일, 로제타 홀 (김현수·문선희 옮김/양화진문화원 편), 『로제타 홀 일기 5 (1893.11.10.~1902.11.10)』, 239~261쪽, 홍성사, 2017

11 「Little Baby Pak Dead, The Christian Herald and Sign of Our Times, New York」, 1897. 3. 31, p. 266; (사)한국여자의사회연구사업, 한국 여자의사 120년과 Professionalism, 76쪽 재인용.

12 「The Story of the First Korean Woman Doctor」 p. 272; 이방원, 『박에스더』, 이화여자대학교 출판문화원, 2018, 93쪽 재인용.

13 박여선(1868.9.21.~1900.4.28.) 묘비의 출생일자와 사망일자. 만 31세로 사망함. 영문으로 'Yousan Chairu Pak'으로 되어 있어서 그간 이름에 박유산, 박여선으로 영어를 읽는 과정에서 오해가 있었으나, 1905년 기록에 의하면 광무원년(1897년) 10월 13일 주차미국특명전권공사 이범진이 학업을 위해 미국 내에 거주하고 있는 21명의 명단을 조사하여 보고서를 올렸는데, 이 명단에 '朴汝先, 朴汝先 妻'라 기록되어 있다.

2. 최초의 서양화가이며 여성운동가였던 나혜석

서양화가

도쿄 유학, 귀국 후 생활

정월(晶月) 나혜석은 1896년 4월 18일 부친 나기정(羅基貞)과 모친 최씨의 5남매 중 넷째로 태어났다. 개명 관료였던 아버지 덕분에 신교육을 받을 수 있었다. 1906년 수원의 삼일여학교(현재 사립 매향여자정보고등학교)에 입학했고, 1910년에 진학한 진명여학교에서는 김명순과 허영숙을 만났으며, 1913년 다시 일본 도쿄여자미술전문학교에서 공부하였다. 1914년 일본 유학생 동인지 『학지광(學之光)』에 "이상적 부인(婦人)"이라는 제목으로 최초의 글을 발표, 근대적 여권 주장에 앞장섰다. 1915년 혼인을 재촉하는 아버지를 피해 여주공립보통학교에서 1년간 근무도 하였다.

『학지광』의 편집발행인 최승구와 정열적으로 사랑했으나, 그가 결핵으로 병사한 뒤 실의에 빠져 몹시 방황하였다. 1916년 4월 요절한 그의 병석을 지키지 못한 혜석의 상심과 회한이 컸던 것이다.

혜석은 1918년 4월 귀국하여 8월까지 잠시 진명여학교에서 교직 생활을 하다 건강상의 이유로 그만두었다. 1920년 4월 김우영과 결혼할 때 그의 조건도 신여성다운 것이었다. "일생을 두고 지금과 같이 나를 사랑해주시오. 그림 그리는 것을 방해하지 마시오. 시어머니와 전실 딸과는 별거케 해주시오." 등이었다.

이후 1919년 1월 21일부터 2월 7일까지 『매일신보』에 만평 형식의 풍자그림을 그리면서 공식적인 사회(전문직)활동을 시작하였다. 3년 남짓 기간 신문과 잡지 등에 만평 형식의 그림과 목판화를 발표한 것이다. 이들 작품에는 신·구여성의 고달픈 일상에 대한 연민과 3·1운동 이후 본격적으로 전개되기 시작하는 민중 운동의 열기가 담겨 있었다.

또한 1923년 고려미술회를 창립하여, 백남순 등과 함께 당시 사회에 서양화를 알리기도 하고 여성 후배 화가들이 나오기를 바라기도 하였다. 이 같은 꿈은 그가 이혼으로 몹시 힘들었던 1930년대 초까지도 이어져 고향 수원에서 여자미술학사를 건립, 여성들에게 화가로의 길을 열어주고자 하였다. 그러나 호응을 얻지 못함으로 자신의 작업실로 이용하는데 그쳤다.

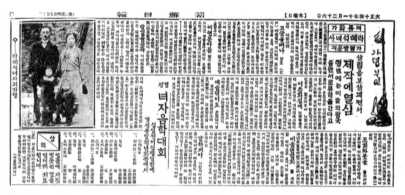

『조선일보』, 1925. 11. 26. 나혜석여사 가정부인방문기(최은희 기자)

중국 생활

1921년 9월 남편이 일본 외무성 만주 안동현(지금 중국의 단둥시) 부영사에 임명되자 1927년 봄까지 6년간 그곳에서 생활하였다. 그림을 그리러 자주 여행도 하고 이 때 그린 그림은 조선미전 등에 출품하여 좋은 성적을 거두었다. 또한 1921년 3월 만삭의 몸으로 경성일보사 내청각 임시전시장에서 서울 최초의 개인 유화전을 개최하였다. 당시 장안의 화제를 불러일으킨 데는 최초의 여성 서양화가인 데다 유명인사 남편의 든든한 지원도 한몫했던 셈이다. 조선의 서양화 전시회로서는 평양에서 열린 김관호의 전람회에 이어 두 번 째이며, 서울에서는 처음으로 열린 유화 개인전이었다. 유화 70여 점이 전시되었고 고가에 팔리기도 하였다.

혜석은 당시 남성화가들보다도 훨씬 적극적이고 지속적인 활동을 보

김우영 초상화(1928)

여, 우선 처음 개최된 서화협회전(協展)에 유화를 출품하였다. 또한 조선 총독부 주최의 조선미술전람회(선전)에 입선, 특선 등을 했고, 제국미술 전람회(제전)에도 입선하는 등 유화가로 성공했다. 또한 장녀 나열을 낳 았고, 문예지 『폐허』의 창간 동인으로도 활동하였다.

1923년 2회 선전에 「봉황성의 남문」을 출품하여 4등하고, 서양화 그 룹 고려미술회 창립 동인이 되었다. 1924년 3회 선전에 「가을의 정원」 등 을 출품, 4등 수상하고 장남을 출산하였다.

선전 11회까지 총 9번 출품한 그는 제4회 때 「낭랑묘」로 3등상, 제5회 때는 「천후궁」으로 특선을 받았다. 당시 '화가 나혜석의 황금 시대'를 구 가한 그의 유화는 도쿄여자미술학교 시절 접한 인상주의 화풍의 풍경화 가 주류를 이뤘다.

파리 유학과 세계 일주

나혜석은 남편과 함께 유럽여행의 기회를 갖고 파리에서 그림 공부를 할 수 있었다. 1927년 6월 19일 부산을 출발하여 서울, 신의주, 하얼빈을 거쳐 시베리아 횡단 열차로 중간에 모스크바도 관광하고 한 달 만인 7월 19일 파리에 도착했다. 10월 한국유학생들이 주최한 환영회에서 최린을 만나 교제하게 되었고, 남편 귀국 후 남아 8개월간 당시 유행하던 야수파 미술 수업을 하였다. 다시 남편과 함께 독일, 이탈리아, 스페인 등 여행 후 1928년 9월 말 미국의 뉴욕항에 도착했다. 미국의 동부 지방을 여행했고 김마리아, 서재필 등을 만났다. 1929년 3월 부산에 도착한 그는 동래 시 댁에서 생활하였고 남편은 서울에서 변호사 개업 준비를 하고 있었다. 이 후 이혼하게 되리라고는 생각도 못했다.

1929년 3월 수원 불교포교당에서 귀국개인전을 개최하여, 1년 6개월간의 해외 생활 중에 그린 「자화상」을 비롯해 만주, 파리 등지에서의 작품들을 선보였다. 이어서 1930년 9회 선전에도 출품하였다.

이혼 후에도 일상의 가사노동에서 벗어나 예술에 오히려 전념할 수 있는 계기로 삼아 그림에 더 열중하였다. 이혼 직후인 1931년 봄 제10회 선전에 「정원」이 특선을, 같은 작품으로 10월 일본의 제12회 제전에 입선함으로써 서양화가로 확실하게 인정받았다. 그밖에도 「금강산 삼선암」, 「작약」, 「나부」 등 수많은 작품들을 그리며 자신을 독려하였다.

동시에 고향에서 후학을 지도하며 생활에 전념하고자 했으나, 그의 불행은 때를 가리지 않았다. 1932년 여름 화재가 나서 제13회 제전에 출품하기 위한 30~40점이 소실되고 말았다. 모든 것이 사라지는 것과도 같은 좌절과 혼란은 그에게만이 아니라 한국 화단에도 큰 손실과 피해를 남겼다. 그의 창작활동은 1935년 개인전이 사회에서 외면당한 채 사실상 끝나

자화상(1928)

염노장(1930년대)

고 만다. 이제 조선화단에서 그의 그림을 더 이상 볼 수 없게 된 것이다. 한편 그는 당시 조선화단의 일본식 미술 일변도에 대한 비판과 일본인만으로 구성된 선전 심사위원에 대해 유감을 공공연히 표명하기도 하였다. 그같은 기성 화단에 대한 비판도 혜석만이 할 수 있는 일이 아니었을까 싶다.

글 쓰는 문인

『여자계』 편집과 소설 경희

나혜석은 화가로서 뿐 아니라 도쿄여자유학생회 부정기 간행물 회지인 『여자계』 편집, 발간에도 적극 참여하였다. 1918년 3월 제 2호에 발표한 단편 「경희」는 여성적 자아의 발견을 주제로 한 소설로, 최근 본격적인 여성소설 1호라는 평가를 받고 있다.

흔히 1세대 신여성이라는 김일엽, 김명순과 같이 나혜석은 어깨를 나란히 하였다. 1921년에 일찌기 가부장제의 억압 아래 있는 여성의 처지를 시 「인형의 집」으로 묘사, 『매일신보』에 발표한 바 있었다. 또한 1921년 9월 28일부터 10월 1일까지 김일엽의 여성의복개량에 대해 『동아일보』에 전 4회에 걸쳐 논쟁한 바도 있었다. 미술가적 안목으로 조선옷의 특색을 살리자는 비판적 대안을 제시하였다. 또한 1925년 단편소설 「원한」을 『조선문단』 4호에 발표, 왕성한 창작활동을 보인다. 잡지 『신여자』와 『폐허』의 동인으로 문학운동에도 힘썼다.

가부장제에 도전하는 글쓰기

가족 생활 중에도 자신의 내면 심리를 솔직히 드러내면서 여성의 자아각성과 권리를 주장하는 글들을 썼다. 특히 「모(母) 된 감상기」(주간지 『동명』 18호~21호 연재, 1923. 1. 1~1. 21)에서는 환상처럼 여겨진 모성의 신화를 깨뜨리는 획기적인 글도 발표하였다. 비판을 예상하면서도 신여성으로 자신의 사명이자, 사회적 책임으로 여기며 발표한 것이다. 1926년 1월에는 「생활개량에 대한 여자의 부르짖음」(『동아일보』 1926년 1월 24~30일)이란 글로 당시 잘못된 여성차별과 억압을 절절히 고발하기도 하였다.

또한 귀국 후에는 동아일보뿐 아니라 잡지 등에 많은 글들을 발표했다. 특히 세계일주기행문 「구미유기(歐美遊記)」를 잡지 『삼천리』에 연재하였다. 영국참정권 운동에 참여한 영국여성운동가의 활약상 등 인간 평등에 기초한 여성참정권운동뿐만 아니라 여성의 노동과 정조 문제, 이혼과 산아제한, 탁아소 문제와 시험결혼 등 여성해방운동과 가부장제 사회의 여성문제를 보고 느낀 대로 소개하였다. 이혼 후 1년 만에 "생활과 예술이

합치되는 데서 참된 완전이 온다."고 하면서, "나를 잊지 않는 여성, 나를 잊지 않는 행복."이라며 자신을 격려하는 주체적이고도 자율적인 모습을 견지하였다. 영국에서 여성참정권자를 만난 후에 스스로 조선의 여성운동가의 시조가 되고자 하는 소망도 가졌던 것 같다.

민족 독립운동에도 참여한 여성운동가

3·1운동 참가 및 독립운동 지원

1919년 전국적으로 일어난 3·1 만세 시위에 여성들이 참여한 것은 주지하는 바이다. 당시 일본 도쿄에서 함께 활동했던 여자유학생친목회 회원들은 일본에서의 2·8 독립선언에 일익을 담당하였다. 그리고 2월 17일 바로 귀국한 김마리아와 황에스터 등이 이화학당 지하실에서 비밀 회합을 갖고, 3·1운동에 참여할 방법을 논의하였다.

나혜석은 이 날 결의 후 거사 자금을 모금하고 여성들의 참여를 독려하기 위해 개성과 평양으로 떠났다. 개성에서는 정화의숙 교장 이정자를 만났으며, 평양에서는 정진여학교 교사로 재직 중이던 동창 박승호를 만났다. 나혜석은 이들에게 개성과 평양의 여학생들이 만세운동에 참가하게 해 줄 것을 부탁하고 서울로 돌아왔다. 3월 5일 이화학당 교사 신마실라, 박인덕, 김활란 등과 함께 학생들의 만세시위에 참가하였다. 이 일로 나혜석은 일경에 체포되어 약 5개월 동안 미결수로 서대문형무소에서 옥고를 치렀다. 이때 남편이 될 변호사 김우영의 도움으로 면소 처분을 받을 수 있었다. 동년 8월 출옥하였다.

중국 안동(현 단동)현에서 살 때는 조선총독부 관리의 아내였지만, 오히려 비밀리에 독립운동가들을 지원하는 등 간접적으로 큰 도움을 줄 수 있었다. 이주한인사회를 위한 사업을 추진, 1922년 3월경 여자야학을 설립하였다(『동아일보』, 1922. 3. 22). 당시 한인이 약 2,000명 가량 있었으나 취학 아동들의 절대 다수가 정식 학교에 입학하지 못한 상태였기 때문에 그들 교육을 다소라도 하고자 했다. 뿐만 아니라 1926년 9월경에는 안동현부인친목회도 조직하여 가정주부들의 친목을 도모하는 한편 생활 안정을 위하여 저축부를 설치함으로써 저리 대부사업까지 전개했다. 이처럼 나혜석은 안동현의 조선인단체와 관계 속에 민족 의식을 갖고 그들의 생활안정을 위하여 노력하였다. 이러한 활동은 남편의 암묵적인 지지에서 가능했던 것 같다.

또한 1923년 의열단의 제2차 국내 대의거 계획에서는 단원들의 무기를 장기간 보관하다 내어주기도 하고, 국경을 넘나들 수 있도록 하는 데 큰 도움을 주었다. 당시 일본, 만주 등에서 독립운동가로 활약하던 정화암도 위기에 처한 자신의 2차 망명이 나혜석의 도움으로 가능했다고 한다. 국경 왕래 등 독립운동을 돕고 지원할 수 있었던 것은 당시 국경 지역의 부영사 부인이란 이점을 살린 것이라 할 수 있겠지만 그에게 민족 독립에 대한 염원이 없었으면 불가능했을 일이다.

큰 시련 끝에 되살아난 선각 여성

파리에서 가까이 지내던 최린과의 관계가 뜻밖의 덫이 되어 이혼으로 치달았다. 간통죄로 고소하겠다는 남편의 위협을 받은 나혜석은 결국 1930년 10월 이혼 서류에 도장을 찍어야 했고 네 아이는 물론 모든 세간을 내버려 둔 채 시집에서 쫓겨났다. 1930년 11월 20일 이혼은 성립되었다. 어머니로서의 모든 친권은 박탈된 채 돈 한 푼 없이 쫓겨나게 되는 조선의 가족 제도 앞에 나혜석은 무력하기만 했고 참담함에 깊이 병들어 갔다.

이전의 신여성 나혜석은 남녀간의 평등하고 자유로운 사랑과 결혼, 정조관 등에 대한 급진적인 해방론도 마다하지 않았다. 게다가 1934년 여성의 일방적인 희생을 강요하는 가부장적 인습을 심각하게 고발하는 「이혼고백장」(『삼천리』, 1934년 8~9월)을 발표하여 사회적 비난이 더욱 가속화되었다. 파리에서 최린과의 관계에 대해 쓴 그 글은 최후의 몸부림 같았다. "조선 남성의 심리는 이상하외다. 자기는 정조 관념이 없으면서 여자에게는 정조를 요구하고 또 남의 정조를 뺏으려 합니다. … 이 어이한 미개의 부도덕이냐!" "나는 소위 정조를 고수한다는 것보다 재혼하기까지는 중심을 잃지 말자는 것이외다… 내 개성을 위하여 일반 여성의 승리를 위하여 짐을 부등부등 싸가지고 출가길을 차렸나이다."

동시에 9월 19일 최린에게 정조 유린에 대한 위자료 12,000원을 청구하는 소송을 제기하였으나 패소하면서 사회적 여론은 더 악화되어 갔다. 최린은 정작 나혜석을 철저히 외면했으며, 오히려 금욕 생활을 하던 혜석은 정조란 개인의 선택의 문제이지 강요할 것은 아니라고, 정조관의 해체를 주장하는 「신생활에 들면서」(『삼천리』, 1935년 2월)를 발표하기도 하였다. 한 여성을 파멸로 몰아넣은 김우영과 최린, 그리고 그들 남성이 멀쩡하게 행세하는 사회에 대한 항의와 무반성적으로 받아들여지고 있는 인습에 대한 신랄한 비판은 당시 사회의 통념을 넘어서는 것이었지만, 사회를 요동치게 하였을 뿐 실효를 거두지는 못했다.

나혜석이 수덕사로 김일엽을 찾아가 자주 묵으며 그림을 그렸던 수덕여관
(출처: 한국관광공사, (korean.visitkorea.or.kr))

1932년 그는 고향인 수원(나혜석 거리)에서 미술연구소 '여자미술학사'를 개설 운영하며, 후학을 지도했다. 그의 집필활동은 미술활동을 중단하고 문인으로 전향한 듯도 하였으나 그의 본업은 여전히 미술이었다. 1935년 서울 조선관 전시장에서 개최된 근작 소품전은 100여점 출품에도 불구하고 미술계에서는 물론 일반 사회에서 철저히 외면당하여 재기하기 어려웠다. 4남매의 어머니로 결혼 11년 만에 쫓겨나다시피 한 그는 1937년 말부터 김일엽이 있던 수덕사 견성암에도 가는 등 1943년까지 해인사, 다솔사, 마곡사 등 각지를 유랑하다 안양양로원에서 지내기도 하였다. 가끔 아이들을 만나고 싶어, 또는 지인을 찾아 서울을 오가기도 했다.

1944년 서울 청운양로원에 수용된 후 완전히 폐인처럼 되었다. 신경쇠

경기도 수원시 인계동의 나혜석 거리

수원 나혜석 거리의 세워진 표지석과 동상

약과 반신불수의 몸이 되어 1946년 어느 날인지도 모르게 행려병자로 서울의 자혜병원 무연고자 병동에서 홀로 눈을 감았다. 지금까지도 그의 죽음에 관해 확인할 수 없을 지경으로 단지 관보에 1948년 12월 10일 원효로 시립 자제원(지금의 용산 경찰서 자리)에서 53세에 사망한 것으로 기록되었을 뿐이다.

1995년 미술의 해를 기념하여, 수원의 경기도 문화예술회관에서 나혜석 예술제가 개최됨으로써 그는 부활하였다. 경기도는 매년 4월 예술제를 열고 또 기념관과 동상을 건립하고 미술상을 제정하는 등 그를 항구적으로 기리고 있다. 선각 여성 나혜석은 오늘날 여성을 비추며 여권통문의 정신을 살리는 화가, 운동가로 되살아나고 있다. 그는 독립운동가로도 마땅히 추서되어야 할 것이다. **신영숙**

참고문헌

국사편찬위원회,『韓民族獨立運動史資料集』14, 1991.

김일엽,『미래세가 다하고 남도록 – 김일엽 문집 상』, 인물연구소, 1974.

김주용,「나혜석의 민족의식과 독립운동지원 활동 – 중국 안동(단동)지역에서의 활동을 중심으로 –」, 동국사학회,『동국사학』54, 2013. 6.

김형목,「나혜석의 현실인식과 민족운동에서 역할」, 숭실사학회,『숭실사학』24, 2010. 6

나혜석,「모된 감상기」,『동명』, 18호~21호(1923년 1월 1일~1월 21일).

나혜석,「구미유기」,『삼천리』, 4권12호(1932. 12), 5권1호(1933. 1), 5권9호(1933. 9), 6권9호(1934. 9).

신영숙,「나혜석의 자기실현의 길 – 신여성, 김일엽과 비교 고찰」, 나혜석 학술대회(11회), 2008년 4월 26일 발표문.

유자명,『한 혁명자의 회억록』, 독립기념관 한국독립운동사연구소, 1998.

윤범모·서정자 외,『나혜석, 한국근대사를 거닐다』, 푸른사상, 2011.

이상경,『인간으로 살고 싶다 – 영원한 신여성 나혜석』, 한길사, 2000.

鄭華岩,『이 조국 어디로 갈 것인가』, 자유문고, 1982.

3. 한국 최초의 간호사, 이그레이스와 김마르다

간호사, 새로운 여성 전문직이 되다

간호사란 직업은 한국에 서구 근대문물이 유입되면서 들어온 새로운 전문직 중 하나이다. 개항 이후 활동한 간호사는 조선에 들어온 서양인이나 일본인의 의료지원을 위한 의료인이었으므로 대다수가 서양인과 일본인 여성이었다. 또한 부족한 간호사의 확보를 위해 조선 안에 신설한 간호교육기관에서는 대부분 서양인이나 일본인 여성을 대상으로 간호사를 양성하였다.

그러나 일제 식민지통치 하에서 조선총독부는 1914년 부족한 간호사를 충원하고자 여성을 대상으로 간호부면허제를 도입하였다. 이렇게 시작된 간호부면허제는 간호부를 양산했으며, 일제 말에는 조선 내 면허획득 간호부가 총 2,254명에 달하였다. 그러나 이 중 한국인은 1,017명으로 절반에 못 미쳤다. 그런데 당시 자료에 의하면 정식 면허를 가진 간호부의 '수 배에 달하는 무면허 간호부'가 활동하였다고 한다. 이는 다시 말해 간호사란 새로운 직업이 이 시기 대표적 여성 전문직으로 부상하였음을 의미한다.

일반적으로 '간호부'는 19세기 일본에서 사용하기 시작한 명칭으로, 1914년 조선총독부령 '간호부 규칙'이 제정된 이후 공식 용어가 되었다.

이와는 달리 '간호원'은 한국최초의 서양식 여성전문병원인 보구여관에서 사용하기 시작하여 주로 선교계에서 사용하다가 해방 이후 공식으로 사용된 명칭이었으며, '간호사'는 1987년 의료법 개정 이후 공식 명칭이 되었다.[1] 이렇게 주목받던 전문직 간호사에 최초로 도전한 한국여성은 누구일까?

한국 최초로 정식 간호사가 된 여성은 보구여관 간호원 양성소를 1908년 1회로 졸업한 김마르다와 이그레이스다.

한국 최초의 간호사란 역사적인 평가를 받았지만 두 사람 모두 남편과 주인으로부터 버려진, 가진 것도 의지할 친지도 없는 처지로 당시 한국여성 중에서 아주 비참한 삶의 주인공들이었다. 그렇지만 운명의 여신은 이들을 도와 최악의 조건에서 서양인 선교사들이 운영하던 여성전문병원인 보구여관의 환자로 인연을 맺도록 해 주었다. 비록 당시에는 천대받던 여성이었지만 자신들의 처지를 비관하기보다는 이를 적극적으로 활용하여 자신의 앞길을 개척한 선각자였다.

이러한 행보는 이들보다 앞서서 역경 속에서 스스로를 높이고 자신을 개발하여 미래를 꿈꾸는 선배 여성들이 마련한 디딤돌이 있어 가능했는지도 모른다. 즉 이들이 간호원양성학교에 발을 내딛던 1904년보다 6년 전인 1898년 발표된 여성들의 주체적 통문이 바로 그 시작점이다.

1898년 9월 1일에 서울 북촌에서 이소사, 김소사의 이름으로 발표된 '여학교설시통문(일명, 여권통문(女權通文)'은 한국 여성들이 최초로 자신들의 근대적 권리를 주장한 선언서로서 한국 근대 여권운동의 발단이 된 역사적인 문헌이다.

이 통문에서 여성들이 주장한 것은 여성들도 문명개화정치에 참여할 권리가 있으며, 여성들도 남성과 평등하게 직업을 가질 권리가 있으며, 여성도 남성과 평등하게 교육받을 권리가 있다는 것이었다. 즉, 여성의 정치적 권리, 교육권(教育權), 직업선택의 권리 등을 요구한 것이다.

이후 여성들의 힘으로 1899년 한국인 최초의 사립 여학교인 '순성여학교'를 설립하였다. 물론 경제적인 어려움과 교사확보 등 난제가 많아 오래 유지되지는 못했지만 여성 교육의 중요함을 일깨우며 여성들을 교육의 장으로 이끄는 데는 성공적이었다.

이 시기 여성들에게 교육의 기회를 제공한 대표적인 사례가 바로 간호원 양성학교였다. 즉, 서양의 전문의료인인 간호사를 한국에서도 양성하고자 개설된 교육기관이 바로 간호원 양성학교다. 한국인이 직접 세운 것은 아니지만, 미국 북감리교 여성해외선교회에서 서양 근대 의학과 간호 지식에 근거해 간호사를 양성하기 위해 여성전문병원인 보구여관에 간호원양성학교를 개설한 것이다.

한국최초 설립된 보구여관(保救女館) 간호원양성학교의 학생이 되다

보구여관의 간호원 양성학교가 문을 열다

보구여관은 1887년(고종 23) 미국 감리교 여성의사인 M. D. 하워드가 서울 정동(貞洞) 이화학당에 세운 한국최초의 서양식 여성전문병원이다. 선교사 W. B. 스크랜턴이 한국에서는 여성이 남자병원에 갈 수 없는 관습이 있음을 근거로 한국 여성들만을 위한 전용병원의 필요성을 미감리교 본부에 제안한 성과였다. 이 요구가 수용되어 드디어 서울 정동(貞洞)

보구여관 (출처: 『이화 100년사 자료집』)

마곡이대서울병원에 재현된 보구여관의 모습(출처: 이대서울병원 홈페이지)(좌)과 정동 보구여관터에
세워진 표지석 (출처: 인터넷간호사신문 『대한간호협회』, 2016.12.13.)(우)

에 있는 이화학당 구내에서 여성 환자를 치료하기 시작하였다. 이것이 바
로 최초의 부인병원인 보구여관이다. 당시 한옥을 개조하여 병원으로 만
들었으므로 입원실은 온돌방이었다. 병원의 명칭인 '보구여관(保救女館,
Salvation for All Women Hospital)'[2]은 명성황후가 하사한 이름으로,
제중원의 부녀과와 함께 특수한 영역인 부인병에 대한 전문적인 진료의
효시를 이루었다.[3] 특히 보구여관은 당시 한국에서는 소외된 부류에 속
하던 여성과 어린이가 이용할 수 있던 특별한 의료공간이었다. 서양의 선

진의료진이 운영하는 이 병원은 초기에는 생소한 서양 의사들에 대한 경계심과 두려움 때문에 찾아 오는 사람들이 거의 없었다. 하지만 점차 뛰어난 의술의 혜택으로 오래 앓던 병을 치료받은 이들에 대한 입소문과 치료비가 없는 환자는 무료로 치료해 준다는 소문이 장안에 퍼지자, 가난한 여성이나 어린이들이 찾는 병원으로 탈바꿈하였다.

하워드의 뒤를 이은 셔우드(Sherwood, R.)는 '여성을 위한 의료사업은 여성의 손으로'라는 구호를 앞세우며 최초의 여성의학교육을 실시하였다. 우선 이화학당 학생 4명과 일본 여성 1명으로 의학훈련반(Medical Training Class)을 조직하고 이들에게 기초적인 의학훈련을 시켰다.

이후 1902년에 내한하여 보구여관에서 간호원으로 근무하던 에드먼드(Edmunds, M. J.)는 정동에 위치한 보구여관에 1903년 간호원 양성소(The Nurses' Training School)를 설립하고 정식 간호교육을 실시하였다. 여기서 교육받은 간호교육생들이 6년간의 긴 교육과정을 이수하고 마침내 1908년 한국 최초의 졸업간호사(graduate nurse)가 되었다. 이들

보구여관
간호원양성학교의 학생들
(출처: 옥성득,
『한국간호역사자료집 I』)

이 바로 1908년 배출된 우리나라 최초의 간호사 이그레이스(Grace Lee)와 김마르다(Martha Kim)였다.

이그레이스와 김마르다가 간호사양성학교의 학생이 되다

보구여관 간호원 양성학교는 우수한 학생을 모집하기 위해 당시 발행되는 잡지에 학생모집 광고를 게재하였다. 이 두 사람이 학생으로 수학하고 있을 시기의 학교 입학자격에 대한 정보를 확인할 수 있다. 우리나라 최초의 여성잡지 『가뎡잡지』1906년 9월호에 게재되었다.

잡보 란에 게재된 기사에 의하면, 서울 정동에 보구여관이라는 여병원이 있고, 그 병원 안에는 각종 병든 여인들을 정성들여 보살펴 주는 '간호원 양성학교'가 있어 총명한 여성을 뽑아 각색 병 치료하는 법을 눈으로 보고, 귀로 듣고, 손으로 행하여 배우게 하며, 병 종류를 나누는 일 등을 분별하여 열심히 가르친다는 교육 정보를 알려주고 있다.

그 밖에 당시의 자료에 의하면 간호교육을 받기 시작할 준비와 이후 지

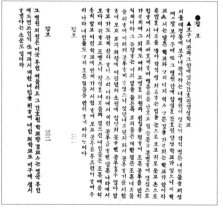

『가뎡잡지』(1906년 9월호)기사

속할 여건의 준비라는 점에서 7가지 구체적인 조건이 제시되었다. 예컨 대, "부모의 승낙, 의사의 건강진단, 교회의 천거서, 소액의 입학금, 주근과 야근의 겸행, 학과에 방해되는 가무(家務) 불허 등이었으며 21세에서 31세를 입학연령"으로 하였다.[4]

그러나 간호학교 운영자들의 기대와 달리 초기에는 일반인 중 지원자가 없었다. 결국 김마르다와 이그레이스를 비롯하여 이전부터 병원에서 일하던 여성 5명을 입학시켜 간호학교의 교육을 시작한 것이다.[5] 이렇게 하여 최초의 간호학교 학생이 된 여성 5명 중에 김마르다, 이그레이스가 이름을 올렸다.

김마르다의 이름이나 신상에 대한 자료는 현재 남아 있지 않다. 다만 1870년대 초에 출생하였고, 평민층의 여성으로 추측된다. 기록에 의하면 1893년 사람들이 남편에게 심하게 폭행당하고 코의 일부와 오른손 손가락이 잘린 '김씨 부인'을 불쌍히 여겨 보구여관에서 치료해 주길 바라며 데려왔다고 한다. 김마르다의 남편이 질투심 많아서 부인이 외부 출입을 못하도록 오른손 손가락들과 콧등 일부를 절단했다고 하니, 우리가 납득하기 어려운 상황이지만 전근대 남성들의 여성에 대한 인식을 보여주는 대목이다. 다행히 보구여관에서 치료받고 난 후 상태가 좋아졌다. 그런데 김씨 부인은 집으로 돌아가 자녀들을 백방으로 찾았지만 찾을 수 없었다.[6] 남편이 부인을 버리고 떠나버린 것이다. 집과 가족을 모두 잃은 김씨 부인은 보구여관으로 돌아와 의탁할 길을 찾았다. 보구여관에서 감사한 마음으로 지내며 기독교에 입문하여 세례를 받고 '마르다'라는 세례명을 받고나서 생애 처음으로 자기이름을 갖게 되었다. 이후 감리교 선교회와 정동의 보구여관에서 일할 수 있게 배려해 주었으며, 동대문에 새로 설립된 보구여관의 분원인 볼드원 진료소(Baldwin Dispensary)에서도 근무하게 되었다.

이그레이스(李具禮, 1882~미상)의 본명은 이복업으로 1882년 9월 9일 서울에서 남의 집 여종으로 태어났다.[7] 어릴 때 괴사(壞死)병에 걸려 다리 불구가 되어 지내다 병에 걸려 사경을 헤매는 상태에 이르자, 주인은 치료는 커녕 환자를 집 밖으로 쫓아냈다. 이렇게 버려진 이복업을 불쌍히 여긴 주위 사람들이 보구여관으로 데려온 것이 1895년경이었다. 보구여관에 머물며 수 년에 걸쳐 로제타 홀(Rosetta S. Hall) 의사의 괴사된 뼈 제거 수술과 커틀러(Mary M. Cutler) 의사의 치료를 받으면서 겨우 기어 다니는 정도에서 걸을 수 있을 만큼으로 건강을 회복하였다. 그렇지만 주인집에서는 온전해진 그를 다시 받아들이려 하지 않았다.

갈 곳이 없어진 이복업은 10대 초의 어린 나이였지만 선교사들에게 자신이 일하며 공부할 수 있도록 요청하였다. 즉 자신이 보구여관에서 열심히 일하겠으니 오전에는 학교에 다니며 공부할 수 있도록 편의를 봐달라는 것이었다. 또한 "복음을 가르치고 환자를 돌볼 수 있도록 저를 가르쳐 주십시오"라는 제안을 한 이복업은 자신이 비록 천한 신분이지만 이를 극복하기 위한 유일한 길이 교육이란 걸 깨달았던 것이다.

선교사들은 이복업의 간곡한 요청을 받아들였다. 이렇게 하여 이복업은 보구여관에서 숙식을 해결하면서 열심히 일하고 오전에는 학교에 다니게 되어서 생계와 교육의 문제를 해결할 수 있는 기회를 얻었다. 보구여관에 머물며 병원 조수인 황메리(黃袂禮, 1872~1933) 부인과 커틀러 의사를 통해 기독교에 입문하였다. 1897년 이복업은 정동제일교회에서 아펜젤러 목사에게 세례를 받고 세례명 '그레이스'도 받았다. 이후 이 세례명으로 이름을 바꾸며 자신의 불우했던 어린 시절과 결별하였다.

1897년 무렵 황메리 부인은 건강이 악화되면서 자신의 간호법을 이그레이스에게 가르쳐 주고자 하였으므로 이 시기부터 기초적인 간호법을 배우기 시작했다. 그레이스는 유능한 병원 조수가 되기 위해서 진료소에서 일하고 오전에는 이화학당에서 기초 과목과 영어를 배우며 실력을 키워갔다. 그는 간호원 양성학교에 입학하기 전에 이미 기초간호법을 익힌 훌륭한 조수였던 것이다. 1903년 12월 보구여관 간호원 양성학교가 개교하자 첫 학생이 된 이그레이스는 수업을 들으면서 병동관리자로 일하였다. 그는 병원 시트를 만들고 재봉틀 사용법을 익혀 병원 물품을 만들었는데, 손재주가 좋아 사람들이 감탄할 정도로 삼베용 바늘이나 붕대를 꼼꼼하게 잘 다루었다. 비천한 출신으로 가난이 몸에 밴 터에 작은 물건이라도 유용하게 활용하는데 천재적이라는 평을 받았다.[8]

1903년 5명의 여성을 학생으로 수업을 시작한 간호원 양성학교의 교육은 부족한 시설과 교재 등의 어려움 속에서 이루어졌다. 어려운 여건을 극복하기 위해 임상강의, 칠판사용, 동료 선교사의 도움을 받으며 강의를 진행해 나갔다. 초기에는 게일 박사가 간호원의 자격과 신체의 뼈를, 에비슨 의사는 혈액의 순환과 검사법을, 커틀러 의사는 병원예절과 찜질법을 각각 강의하였다. 그 외에 침대와 침구류 정돈법, 환기법, 그리고 위인의 생애나 회고 등에 대한 강의도 포함되어 있다.

또한 간호에 직접 필요한 작업으로 붕대법, 침상 정리, 다양한 목욕법, 약물의 투여, 에그노그, 국, 죽, 옥수수 가루와 맥아 분유와 같은 간단한 식이 준비에 대해 학습하였다. 그 밖에 체온, 맥박, 호흡 검사, 증상 기록, 특수 약물 투약, 관주법, 고약 바르기, 외과 환자의 붕대 감기, 눈병 환자 치료, 뼈 늘이는 기구 사용, 찜질, 로션, 병원의 모든 붕대와 침대 시트와 환자복과 버선 만들기, 마사지의 기본 원리, 사망한 시신의 처치 등도 학습 내용이었다.[9] 보구여관 간호원 양성소를 이어 1905년 출범한 세브란스병원 간호원 양성소와의 연합 교육 등으로 부족한 점이 보완되었다.

보구여관에서 함께 일하던 여성들은 중도에 그만두었지만, 김마르다와 이그레이스는 8~10년간 일하는 쉼 없는 노력을 보여주었다. 이 두 여인의 피와 땀으로 쌓아 온 인고의 시간은 간호학교의 학생으로 가는 지름길이 되었다. 즉 12시간이란 장시간의 교대 근무를 병행하면서도 어려운 6년간의 간호학교 과정을 이수하고 마침내 한국 최초의 졸업간호사로 거듭날 수 있었다.

소정의 과정을 마친 김마르다와 이그레이스는 1906년 1월 25일 제1회 예모식(가관식)에서 한국인으로서는 처음 간호원 예모를 받게 되었다.

간호원 예모를 받은 이후 남은 간호교육의 과정을 이수하던 간호학생들에게 '간호'가 절실한 전쟁터가 바로 눈 앞에 펼쳐졌다. 즉 1907년 8월 초 서울 남대문 부근에서 한국군의 군대해산에 항거하는 시위대 투쟁이 일본군과의 격렬한 시가전으로 발전하면서 수많은 한국군 사상자가 발생하였던 것이다. 이 부상병들은 당시 남대문 부근에 위치한 세브란스병원으로 이송되었고, 세브란스병원에서는 부상병의 치료에 필요한 의료진의 도움이 절실한 상황이었다. 대표적인 선교 잡지 『The Korea Mission Field』(1907. 8월호)에 호지(J. W. Hodge)가 "(중략) 정동 여자병원(보구여관)에서 온 커틀러 의사와 에드먼즈 양은 일부 간호원들과 함께 현장에 도착하자마자 환자의 야간 간호를 준비하는 (세브란스병원) 에비슨 부인과 존스 부인을 적극적으로 보조했다. (후략)"는 1907년 8월의 '한국군대해산 당시의 긴박한 교전' 기사를 기고하였다.

즉, 정미의병의 시발점이 된 한국군 시위대의 서울시가전 당시 발생한 부상병치료에 보구여관 간호사들이 큰 역할을 하였는데, 그 중에 간호학생이었던 김마르다와 이그레이스가 포함되어 있었음을 짐작할 수 있다. 이들에게 이 사건, 전쟁터를 방불케 한 간호경험은 간호사의 진정한 역할을 일깨워주는데 기여한 바가 컸을 것이다. 간호사들의 헌신뿐 아니라 현장 부근의 여학생들도 부상병 치료에 동참하게 되면서 여성들의 민족의식을 높이는 계기가 되기도 하였다.

1907년 8월 4일 『대한매일신보』에 「여도의거(女徒義擧)」라는 기사에서도 당시의 실상을 잘 전해주고 있다.[10]

그저께 한일 병사들이 교전할 때에 부상한 한국 병정을 남대문 밖 제중원에 수용 치료한다는 말은 이미 게재하였거니와, 이 병원 남녀 간호원과 보구여관 간호원들이 지성으로 구호한 것은 거론치 않을 수가 없다. 연동중학교(정신여학교의 전신) 학생들이 회동하여 상의하기를, "저 동포는 나라 위해 순절한 자도 있는데 우리들은 비록 여자이나 의로운 일을 하지 않을 수가 없다"라고 하면서 그날 밤부터 제중원으로 가서 부상 장병들을 열심히 간호하였다. 그 장병들도 여학생들의 의거에 감복하여 눈물을 뿌리며 치사했다. 또한 그날 밤 양복한 한 여자가 일어와 영어에 능통한데 포탄이 비오듯 하는 속에 뛰어 들어가 군중을 향하여 "우리나라 동포를 우리들이 구하지 않으면 누가 하겠는가"라고 하고, 친히 스스로 분주하게 뛰며 부상병을 사면에서 찾아 병원으로 들것에 실어 운반하였다. 또한 한국 간호부는 전장터 안에서 부상병을 구호하느라 핏자국이 온몸에 가득했다. 보는 사람이 감읍하지 않는 사람이 없었다.

또한 보구여관 간호원 양성학교의 간호선교사 에드먼 즈는 "그 날 싸움에서 부상당한 42인의 군사를 구호하느라 우리가 8일 동안을 노력하였다. 그 외에 참혹하게 화상을 당한 사람이 둘이었다. 세브란스병원 수술실에서 2개의 수술대를 사용하였는데 의사들과 의학생들과 간호부들이 모두 피와 땀으로 목욕하였다."[11]고 말한 바 있다. 이러한 역사적 사건을 현장에서 겪으며 간호사의 자격을 완벽하게 갖추어 갔다. 간호학교 입학한 후 6년의 과정을 마무리하는 시간이 다가왔다.

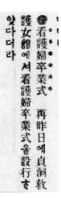

『황성신문』
1908. 11. 7

"재작일(5일)에 정동 보구녀관에서 간호부졸업식을 설행하였다."는 기사가 『황성신문』 1908년 11월 7일자에 게재되었다. 마침내 간호원 양성학교의 첫 학생들이 1908년 11월 5일에 졸업하게 되었던 것이다. 신문에는 학생명단이 실려 있지 않지만, 보구여관 관련 자료에 의하면 김마르다와 이그레이스 2명만이 한국인 졸업 간호원이 되었음을 확인할 수 있다.

이들은 10여년이라는 오랜 시간을 보구여관에서 일하며 공부하면서 1908년 간호부양성학교를 졸업하고 정식 간호부가 되었다. 이후 보구여관과 의료기관에서 간호사로 근무하며 자신들의 꿈을 이루어 가게 되었다.

졸업 후 이그레이스와 김마르다의 간호활동

졸업 후 김마르다는 보구여관, 동대문 해리스병원, 평양 광혜여원에서 간호사로 일하면서 후배들을 교육하는 교육자로 활동하였다.[12] 또한 기독교 전도를 열심히 하였으며, 두 아이를 입양하여 키우며 생활하였다.

이그레이스는 간호사 교육을 받는 도중인 1907년 정동 제일교회에서 전도사 이하영(李夏榮, 1870~1852) 과 결혼하였다. 이하영은 수원 삼일 중고등학교를 설립한 전도사로 커틀러 의사와 에드먼즈 간호원이 지켜보는 가운데 이그레이스에게 결혼 후에도 학업과 간호원 근무를 보장한다고 약속하면서 공개 구혼하였다. 청혼을 받은 그레이스는 4개월 동안 심사숙고한 후 이하영과 결혼하기로 하였다. 1907년 1월 30일 정동제일교회에서 제2회 예모식이 개최될 때 이그레이스는 간호복을 예복으로 입고 서양식으로 결혼하였다.[13]

졸업 후 보구여관에서 근무하던 이그레이스는 1910년 남편이 평양 이문골교회로 발령이 나자 평양 광혜여원으로 근무지를 옮겨 남편과 평양에서 살게 되었다. 광혜여원에서 홀 의사와 커틀러 의사를 도와 5년간 간호원으로 근무했다. 당시 그레이스는 수간호원으로 일하면서, 의사들의 통역도 맡았으며, 수술 시 마취를 담당하였다. 1913년 말 김마르다가 광혜여원의 수간호원 겸 병동 담당 간호원으로 임명되자, 이그레이스는 홀 의사의 조수 겸 왕진담당 간호원이 되어 업무를 분담하며 함께 일하였다.

이그레이스는 전 병원 조수였던 박수산노와 함께 평양자혜병원에서 산파 과목을 공부하여 1914년 5월에는 총독부가 제정한 의생(醫生) 면허를 취득하였다. 면허취득으로 한 단계 발전한 독립적 의료인으로 우뚝 선 이그레이스는 의생 면허를 취득함으로써 한국 여성으로서는 처음 정부의 면허장을 가진 의료인의 명예도 얻었다.

1914년 가을 이하영 목사가 서울 동대문교회에 임명되자, 서울로 이사 온 후 3년간 개인 병원을 운영한 것으로 추측된다. 1917년 이하영 목사는 진남포교회로 임명되어 그곳에서 목회활동을 이어갔다. 진남포교회에서 시무하던 이하영 목사는 1919년 3월 평남 진남포부 신흥리에서 3·1 독립만세 시위운동에 참여하여 주민들과 만세를 고창하는 등 활동하다가 일본 경찰에 체포되어 재판에 회부되었고, 징역 10월을 받고 옥고를 치렀다.[14] 이그레이스는 남편이 평양감옥에서 옥고를 치르는 동안 평양으로 이사해서 옥바라지하는 한편 가장이 되어 가정을 꾸려 나갔다. 특히 남편이 옥중에서 힘겨운 투쟁을 이어가고 있으니 그 고난을 함께 한다는 마음으로 콩밥을 지어 자녀들과 함께 먹었다는 일화가 전해진다.

출옥한 남편은 1923년 강릉교회에서 4년간 시무한 후 1931년에 은퇴하였다. 이즈음 이그레이스는 강릉에서 개업하여 1924년 6월부터 1925년 5월까지 1년동안 여자와 어린이를 치료하고 출산도 돕는 의료활동을 하였다. 이그레이스는 은퇴한 남편과 자녀 6남매와 함께 남편의 고향인 수원으로 돌아와 거북산 밑에서 산파소를 경영하며 가정을 꾸려나갔다. 이하영 목사는 한국전쟁 중이던 1952년 7월 83세로 사망했다. 이그레이스 사망 시점은 알려져 있지 않다.

선구적인 여성, 이그레이스와 김마르다

근대식 정규 교육을 받은 여성은 물론 한국인 의료 전문가가 거의 없었던 1908년, 김마르다와 이그레이스는 한국 최초의 정규 간호학교인 보구여관 간호원 양성소의 첫 졸업간호사가 되었다. 두 여성 모두 병들고 다친 채 각각 남편과 주인에게 버림받은 환자로 서양인 선교사들이 운영하

THE FIRST GRADUATE KOREAN NURSES
AND THEIR DIPLOMAS [W. F. M. S.]

이그레이스와 김마르다의 졸업사진
(출처: 옥성득, 『한국간호역사자료집Ⅰ』)

던 보구여관과 인연을 맺게 되었지만, 스스로의 노력으로 새 인생을 찾는 기회를 활용하였던 선각자였다.

두 사람 모두 보구여관에서 치료받고 기독교에 입문하였으며, 세례와 동시에 새 이름과 새 삶을 얻을 수 있었다. 그들은 자신들의 생계유지를 위해 숙식하며 병원에서 일하였다. 긴 시간 동안 일하며 신뢰를 쌓은 이들은 보구여관에서 개설한 간호학교의 첫 간호 학생으로 입학하였고 6년 간의 과정을 이수하였다. 그리고 마침내 한국 최초의 졸업간호사가 되는 영광을 누리게 된 것이다.

앞서 살핀대로 김마르다와 이그레이스의 삶은 전근대에서 근대로 이행하는 시기에 살았던 한국 여성들의 행적을 보여주고 있으며, 여성이지만 주체적으로 자신의 삶을 개척하는 선구적인 면모를 엿볼 수 있다. **강영심**

참고문헌

김권정, 「이하영의 민족운동 연구」, 『수원역사문화연구』 5, 2015.6.

박형우 편역, 『에스터 L. 쉴즈 자료집 1(1868-1911)』 연세대학교 대학출판문화원, 2016.

옥성득, 「초기 개신교 간호와 간호교육의 정체성: 1903년에 설립된 보구여관 간호원양성학교와 에드
       먼저를 중심으로」, 『한국기독교와 역사』 36, 2012.3.

옥성득, 『한국간호역사자료집 I』, 대한간호협회출판부, 2011.

옥성득, 『한국간호역사자료집 II』, 대한간호협회출판부, 2017.

이꽃메, 「한국 최초의 간호사 김마르다와 이그레이스 연구」, 『여성과 역사』 30, 2019.6.

이꽃메, 『한국근대간호사』, 한울, 2002.

이덕주, 「선교 초기 보구여관 간호교육에 관하여」, 『신학과 세계』 89, 2017.3.

이만열, 『한국기독교의료사』, 서울: 아카넷, 57쪽, 2003.

이방원, 「보구여관 간호원양성소(1903-1933)의 설립과 운영」, 『의사학』 20(2), 2011.12.

이화100년사편찬위원회, 『이화 100년사 자료집』, 이화여자대학교출판부, 1994.

『朝鮮總督府官報』 1914.10.15. 「醫生免許」.

『가뎡잡지』, 1906.9.

『대한매일신보』, 1907.8.4

『황성신문』 1908.11.7.

주

1 이꽃메, 『한국근대간호사』, 한울, 2002 참고

2 WFMS Report for 1898-1899, p. 90. 보구여관을 영어로 때로는 'Caring for and Saving
   Woman's Hospital'로 표기했다.

3 이만열, 『한국기독교의료사』, 서울: 아카넷, 2003, 57쪽.

4 라빈니아 닥크와 이사벨 스투워트 저, 조정환 역, 『간호사』, 조선간호부회, 1933, 286~287쪽.

5 Mary Cutler and Margaret Edmunds, "Po Ku Nyo Koan. Hospital, Dispensary and Nurses'
   Training School, Seoul" 1904, pp. 7-17.(이꽃메 228쪽에서 재인용)

6 Mary Cutler and Margaret Edmunds, "PO KU NYO Koan. Hospital, Dispensary and
   Nurses' Training School, Seoul", Report of Po Ku Nyo Koan and Baldwin Dispensary,
   Seoul, 1905, Seoul: Trilintual Press, 1905, pp. 1-5.

7 1913년 이구례라는 이름으로 받은 의생 면허에 1883년 9월 9일 출생으로 되어 있다.(『朝鮮總督
   府官報』 662. 1914.10.15. 「醫生免許」

8 옥성득, 『한국간호역사자료집 I』, 서울: 대한간호협회, 2011, 727쪽.

9   옥성득, 『한국간호역사자료집 I』, 서울: 대한간호협회, 2011, 727~728쪽.

10 『대한매일신보』 1907.8.4. (현대문으로 수정.)

11 라빈니아 덕·이사벨 스튜어트, 『조선간호사』, 서울: 조선간호부회, 1933, 295~296쪽.

12 옥성득, 『한국간호역사자료집 I』, 서울: 대한간호협회, pp. 608~609.

13 이꽃메, 「한국최초의 간호사, 김마르다와 이그레이스연구」, 『여성과 역사』 30, 2019.6

14 공훈전자사료관 참조, 정부에서 이하영의 공적을 기려 2008년 건국포장에 추서하였다.

4. 조선일보의 첫 여성기자, 최은희

최은희
(출처: 추계 최은희 문화사업회)

최은희(崔恩喜, 1904~1984)는 1920년대 한국 여성에게는 '낯선 직업'이었던 신문기자가 된 전문직 여성으로 여권 의식뿐 아니라 여성의 경제적 독립을 강조하고 실천해 나간 '신여성'이었다. 조선일보의 첫 여기자로 경제적 활동을 시작한 최은희는 '한국 여성의 삶과 지위 향상의 기여'라는 임무가 자신에게 있다고 느끼며 취재 활동을 비롯하여 글쓰기에 남다른 열정을 쏟았다. 그뿐 아니라 일제 식민권력으로부터 독립할 필요성을 절감하였으며, 6·10 만세운동을 호외로 보도하여 한국인들의 독립의식을 고취하기도 하였다. 6·10 만세운동 관련 취재는 최은희에게 '신문계의 패왕(覇王)'이라는 영예로운 칭호를 안겨주기도 하였을 뿐 아니라 기자 정신을 발휘한 전문인의 모습을 보여주었다. 그리고 그는 일제로부터의 독립을 위해 결성한 좌우익 연합체인 근우회 활동에 적극적이었다. 그러므로 최은희의 활동은 최은희 자신이 새로운 직업 분야에 뛰어든 '개척자'의 모습을 보여주는 것이었을 뿐 아니라 한국 역사에서 새롭고, 낯선 길을 개척해 나간 수많은 '첫 길을 열어간 여성들'을 조사, 발굴하여 알리는 '역사가'의 모습이기도 하였다.

여성의 경제적 독립을 강조하였던 아버지

1904년 황해도 연백군에서 태어난 최은희는 여성의 경제적 독립을 강조하였던 아버지의 영향을 많이 받았다. 아버지는 '우리가 독립을 하려면 학문이나 경제적 발달에 있어 남녀가 균형을 잃지 않아야 한다'는 말을 자주하였으며 딸의 교육에도 차등을 두지 않고 고등교육을 시켰다. 한국의 독립과 남녀가 동등한 위치가 되려면 무엇보다도 경제권이 있어야 된다는 아버지의 말은 어린 시절 최은희에게 많은 영향을 미쳤다.[1]

1918년 해주의 의정 여학교를 우등으로 졸업한 후 최은희는 서울의 현재 경기여고인 경성여자고등보통학교 2학년에 편입하였다. 그는 학업뿐 아니라 학생활동 등 모든 것에 적극적이었다. 1919년 졸업 학년이었던 최은희는 3·1운동에 참여하였다. 3·1운동이 일어나기 전인 2월 28일 학교 선생님이자 민족대표 33인 중 한 사람이었던 박희도 선생님이 최은희를 자신의 집으로 불러 "내일 오정(午正)에 전체 학생을 인솔하고 탑골공원으로 나오너라"라는 말과 함께 독립선언서를 주었다. 배일(排日)의식이 강하고 학생들이 많이 따르던 최은희를 눈여겨보았던 선생님은 그에게

3·1만세 운동에 학생 동원의 책임을 맡긴 것이었다. 박희도 선생님의 말을 듣고 최은희는 학교 측의 방해에도 불구하고 학생들을 이끌고 독립만세운동이 진행되고 있는 탑골공원으로 향하였다.[2]

3·1만세운동을 전개하던 중 최은희는 체포되었고 만세 시위를 주도했다는 이유로 서대문 형무소에서 24일간 구류를 받았다. 감옥에서 나온 뒤 최은희는 고향 배천으로 향하였다. 고향에서도 형부 송흥국과 함께 만세운동을 주도하였다. 그는 다시 만세 시위를 주도한 죄로 해주지방법원에서 징역 6개월, 집행유예 2년을 선고받았다. 그리고 1920년 황태자 이은 가례(嘉禮) 특사로 복권되었다. 그러나 요시찰 대상 인물이 되어 일본 경찰의 감시 등으로 활동에 많은 제약이 따르자 최은희는 일본 유학을 결심하였다.

1920년대 신여성의 등장과 전문직으로의 진출

1920년대에는 이전 시기보다 사회 활동을 하는 여성들이 숫적으로 증가하고 있었을 뿐 아니라 활동 영역도 점점 확대되고 있었다. 여성의 경제 활동 분야가 늘어난 주된 이유는 1886년 이화학당의 설립을 시작으로 1910년대에는 여러 관·공·사립의 보통학교, 고등 여학교들이 설립되었으며, 이들 교육기관에서 배출된 여학생들이 1920년대에 오면 사회 활동에서 두각을 보이기 시작하였기 때문이다. 일제 시기에 기자를 비롯한 여러 전문직이 등장할 수 있었던 데에는 이러한 근대교육이 커다란 역할을 하였다.

1920년대 여성의 사회활동 및 경제활동의 주 무대는 교육계였다. 이것은 근대식 교육을 받은 여성 졸업생들이 교직으로 많이 진출했기 때문이다. 교직은 식민지 시대 근대교육을 받은 대다수의 여성들이 '선망하는' 직업 중 하나였다. 교직에 대해서는 여성의 자녀를 교육시키는 가정주부의 역할과 비슷하므로 남자보다도 여성의 직업으로 적합하다는 인식이 당시 있었다. 그래서 교직 내에서 여성에 대한 수요와 기대가 사회적으로 존재하였다. 그리고 1922년 조선총독부는 보통학교에 여자 교원을 채용하는 교육방침의 개선을 발표하면서 여성의 교직 진출이 늘어났다.[3] 이와 같이 여성의 직업으로 교사를 선호하는 분위기와 맞물려 여학교 졸업생들은 교직을 전문직으로 많이 선택하였다. 그러나 1920년대 이후 여성이 진출한 전문직 분야는 교육계를 넘어 문학계, 음악계, 미술계, 의료계, 언론계, 체육계 등 다양해졌다.

　　여러 전문직 중에서도 한국 여성계에서는 낯설었던 신문, 잡지 등 언론계로 진출하는 여성들이 1920년대 등장하였다. '새로운' 전문직이었던 기자직으로의 여성 진출은 1920년 매일신보사에서 여기자를 채용하면서

『매일신보』, 1920. 9. 5.

부터였다.

당시 매일신보사에서는 '시대의 요구에 부응하여 이에 부인기자를 채용'한다며 자격 조건으로는 첫째, 가장있는 부인, 둘째, 연령은 20세 이상 30세 이하의 부인, 세 번째, 고등보통학교 졸업 정도 이상으로 문필의 취미가 있는 부인이라고 명시하였다.[4] 여기자의 출현은 교육받은 여성의 증가와 함께 신문, 잡지 등을 구독하는 여성 독자층이 확대된 것과 관련이 깊다. 그러나 보다 구체적으로 살펴보면 당시 신문사와 잡지사에서 여기자를 채용한 이유는 여성 독자의 증가 뿐 아니라 각종 방문기 종류의 기사들이 유행했기 때문이기도 하였다. '학교 탐방기', '명사(名士)의 가정 방문기' 등 '방문 취재에 남성보다 여성이 유리'하다는 사회적 분위기가 맞물려 있었다.[5]

1920년 9월 『매일신보』의 이각경을 시작으로 1922년에는 개벽사에서 김경숙을 공식 여기자로 채용하였다. 그리고 1924년 조선일보사에서 최은희를 채용하면서 『동아일보』, 『시대일보』 등 각 신문사에서도 여기자의 채용이 이어졌다.

허영숙과 이광수와의 만남 그리고 조선일보 입사

1924년 10월 조선일보사에 입사한 최은희는 한국 최초의 여성 신문 기자로 8년 동안 취재 현장에서 활동, 여기자의 위상을 높였다. 최은희가 조선일보 기자가 된 것은 그의 나이 21세였던 1924년 10월 5일이었다. 1920년 일본 유학에 올랐던 최은희는 니혼여자대학 사회사업부에 진학하였다.

　1924년 3학년 재학 중이었던 최은희는 여름 방학을 맞아 귀국길에 올랐다. 일본 유학 후 첫 고향 방문을 계획한 것이다. 고향으로 가기 전 최은희는 평소 친하게 지내던 허영숙의 집을 방문하였다. 이것이 최은희가 기자가 된 중요한 계기가 되었다.

　당시 허영숙은 대부호 부인의 산고를 치료해주고도 치료비를 받지 못한 부당한 일을 최은희에게 이야기하였다. 이 이야기를 듣고 최은희는 그 부호의 집에 가 담판을 하여 비용을 받아내 허영숙에게 주고, 일을 해결하였다. 이 일을 보고 허영숙의 남편이었던 이광수는 최은희의 배짱과 수완을 높이 사 여기자를 찾고 있던 조선일보에 추천하였다. 이광수는 졸업으로 망설이는 최은희에게 "기회는 날으는 새와 같으니 졸업을 기다릴 것 없이 우리나라 최초의 여기자로 이름을 날려 보라"고 하였고 최은희는 이것을 받아들였다.

　최은희는 입사하면서부터 바쁜 나날을 보냈다. 부인견학단 인솔, 현상 변장 탐방 기자로 또한 기근 구제 여류 음악회를 주최하는 등 매우 열

조선일보 편집국실
(출처: 추계 최은희 문화사업회)

비행기 탑승 취재기
(출처: 추계 최은희 문화사업회)

심히 기자 활동을 펼쳐나갔다.[6] 입사한 지 한 달 정도 되었을 때 최은희는 유광렬과 함께 '가정란'을 신설하여 내용을 만들어나갔고 '첫 길에 앞장선 이들' 26명을 찾아내 연재를 하는 등 주도적으로 기자 활동을 하였다. 특히 기사를 작성하면서 최은희는 가정 부인들에게 알려줄 상식이며 여성의 지위, 여권신장에 관한 글쓰기에 집중하였다.

당시 여기자들의 주된 업무는 학예면과 부인란 중심이었다. 여기자는 대체로 명사 및 화제의 인물 및 학교 탐방기 작성, 그리고 여성의 교육과 취업, 위생, 육아, 의식주 등 가정경영 관련 기사 작성, 학예기사의 집필, 원고청탁, 일본의 신문 잡지 통신에서 여성 관련 기사를 번역해 기사를 만드는 작업을 하거나 여성문제 등에 대한 간단한 시론이나 시평을 쓰는 것이 주였다.[7] 그러나 최은희는 외근도 마다하지 않고 열심히 취재 활동에 나서기도 하였다.

기자가 동경하던 직업이 아니었던 최은희는 처음에는 자신의 직업에 대한 책임감이 그리 크지 않았다. 그러나 신문사에 발을 디디는 순간 그의 마음에는 기자가 가져야 할 마음가짐과 더불어 여성으로서 기자 활동을 제대로 해내야겠다는 생각을 갖게 되었고 기록하고 있다.

나는 평소에 신문사란 반드시 순실하고 침착하고 점잖은 학자님네들이 모여서 퍽이나 조용하고 질서있게 일하는 곳이려니 하고 엄숙한 마음으로 편집실 안으로 들어갔습니다. … 꾸벅꾸벅 초면인사를 대강 마치고 자리를 정하여 앉은 후에 첫 솜씨로 전문(電文)하나를 번역하고 있노란즉 오륙인 외근(外勤) 기자가 우르르 모여들자 여태껏 침묵하던 방안의 공기는 그만 깨어져 버렸습니다. 가지각색 남성들의 참스러운 이야기, 풍치는 이야기로 집안을 번쩍 들었다 놓을 제, 한편 구석에서 기를 못 펴고 앉았던 한 여성인 나로서는 정신이 아찔하고 무시무시한 느낌이 없지 아니한 동시에 그들 틈에서 나의 가질 태도와 내일부터라도 '어떠한 곳에 가서 어떠한 재료를 얻어다가 어떻게 써야만 일반 부녀들에게 고루 유익을 끼칠까' 하는 걱정이 생기기 시작하였습니다.

만약 조선에 처음인 여기자로서의 나의 생활이 일천만 여자계(女子界)에 큰 공헌이 없다면 아무 가치없는 직업이라고 생각되기 때문에 그날부터 나는 여자의 수줍은 태도를 떠나서 아주 대담한 마음으로 부장의 분부를 받아가지고 동으로 서로 남으로 북으로 정처도 없고 청함도 없는 발길을 멈출 사이 없이 자꾸 돌아다녔습니다.[8]

기자 활동을 하며 최은희는 여성 관련 기사 주제를 찾아내는 것이 너무 어려웠다. 당시 여기자는 다른 남성 기자들처럼 출입처가 정해져 있지 않았기 때문이었다. 이것을 통해 그는 한국의 여성들의 활동 분야가 매우 적다는 것 그리고 여성사회가 매우 빈약하며 너무 단순하다는 것을 절실히 느꼈다. 그래서 '가정부인란'을 만드는 등 남들보다 열심히 여성계의 소식, 여성의 활동을 빠르게 전하려고 노력하였다.

최은희는 새로운 특종을 발굴해내려고 애썼으며 다른 신문사의 기자

虚薄淸凉里御訥通盖　　（况實儀葬國下殿王李故）

순종의 장례일 모여든 사람들의 모습 (출처: 독립기념관)

들과 경쟁하여 좋은 기사를 먼저 쓰려고 늘 분주했다. 최은희의 활동은
남자 기자들 사이에서도 누구 못지않게 일을 척척 해내며 말 잘하고, 글
잘 쓰고, 배짱도 있고 자기 일에 최선을 다하는 모습으로 평해지고 있다.[9]
1926년 최은희는 특종으로 6·10만세 운동 호외를 보도하기도 하였다.

> 서울 천지를 자기 무대로 하여 여성계에 활동을 취재 보도하고 가라앉
> 아 있는 사실을 기사화하여 '읽거리'를 연속으로 취급해서 독자의 흥미
> 를 돋우는 등 기교(奇巧)를 필요로 할 뿐이었다. 반면에 사람이 깜짝 놀
> 랄 만한 새로운 큰 사건을 혼자 다루게 될 특종감을 얻는 경우도 생기지
> 않는 것이었다. 나는 어떤 우연한 기회에 더구나 각사(各社)의 사회부 기
> 자들과 동행하던 자리에서 나 혼자 번개같이 발견하여 암약한 결과로
> 특종을 발표한 일이 있었다.[10]

최은희는 1926년 6월 10일 대한제국 마지막 황제인 순종의 장례식을 앞두고 분주히 움직이는 일본 경찰을 유의 깊게 살폈다. 일본 경찰은 순종 황제의 장례식을 앞두고 3·1만세운동 때와 비슷하게 민족적 거사를 계획할 것이라 생각하고 신경을 곤두세우고 비밀리에 각종 단체와 교회, 나아가 지식인 및 활동가들의 행동을 예의주시하며 감시체제를 강화하고 있었다.

당시 최은희는 일본 경찰의 심상치 않은 움직임을 목격하고 종로경찰서로 들어갔다. 그는 종로경찰서에 개벽사의 김기전, 차상찬, 방정환 등이 잡혀 와 있는 것을 알았다. 그리고 이 사건이 중요하다고 판단하고 민태원 국장과 의논하여, '모 중대사건 폭로' 천도교 관계자, 주의자, 학생직공 등 80여 명 체포, 밤중까지 무릇 10여 회에 전부 약 100여 명의 혐의자를 검거"라는 내용으로 6·10만세 운동 호외 보도를 하였다. 조선일보 호외를 본 총독부 경무당국에서는 당황하여 호외 발행 금지와 동시에 사건게재 금지를 명령하였다가 6월 19일 해제시켰다.[11] 6·10 만세운동을 호외로 보도, 기자 정신을 발휘한 최은희를 당시 안재홍 및 신석우 등 조선일보 임원진은 "신문계의 패왕(覇王)"이라는 영예로운 칭호를 주며, 기자로 인정해주었다.[12]

최은희가 여성 관련 기사를 작성하며 강조한 것은 여성의 경제적 독립을 너머 남녀차별을 만들어 내는 사회구조의 개혁이었다. 그리고 궁극적으로는 식민 상태를 벗어나야 한다는 독립을 여성지위의 향상을 위한 근본적인 문제의 본질로 꽤 뚫기도 하였다. 그의 "경제적으로 자본주의자인 남성에게 노예가 되고 성적으로 남편에게 구속을 받는 이중 사슬에 얽매인 우리 여자계의 현상을 볼 때 나는 단지 남성을 반역하는 운동으로부터는 해방의 승리를 얻지 못할 것이요, 근본적으로 이러한 남성을 만들어내는 사회조직을 먼저 개혁하여야겠다는 것을 통감하였습니다"라는 말은 여성문제 해결을 위한 정확한 진단이었다.[13]

최은희는 일제시대에 활동한 여기자 중 제일 활동을 많이, 오래 하고 제일 성적을 많이 낸 기자로 평가를 받았다. 『별건곤』에서는 최은희에 대해 "그는 어디 가서 무슨 기사 재료를 또 얻어가지고 오느라고 그러는지 다른 신문사 여기자들처럼 인력거도 타지 않고 물새 종아리 같이 설렁하고도 가느다란 정강 말을 타고 쌀쌀 부는 봄바람에 머리털을 흩날리며, 쌍까풀 진 눈이 활동 사진처럼 우로 갔다 좌로 갔다 한다. 이번에는 조선일보 부인난에 무슨 기사가 날까하여 독자는 기대 기대"라는 글을 싣기도 하였다. 이를 통해 당시 독자들은 최은희의 취재 활동, 기사 내용에 많은 기대를 품고 있었던 것을 알 수 있다.[14]

여기자들을 부인기자, 화초기자 또는 방문기자, 번역기자, 탁상기자로 인식하던 시기 최은희의 활동은 타의 모범이 되는 것이었다.[15] 평균 여기자 활동의 기간이 2년 남짓이었던 것에 비하면 8여년 동안의 기자 활동은 또한 '전설적인' 것이었다.[16]

근우회 조직에 참여

기자로 활동하면서 최은희는 여성단체를 꾸려 여성의 권익향상을 위한 운동, 일제로부터의 독립운동에도 적극적이었다. 대표적인 단체 활동 중 하나가 근우회였다. 근우회는 1927년 좌우연합단체로 일제에 대한 독립을 일차적 목표로 하여 좌우익의 이념적 대립을 극복하기 위해 결성된 단체였다.

최은희는 여성의 3·1운동에의 참여가 여성의 삶과 사회에 대한 새로운 인식을 가능하게 했으며 나아가 여성의 독립운동은 여성 자신들의 생활에 대한 변화와 발전을 초래했을 뿐 아니라 여성 발전의 축이 된다고 믿었다.

1927년 5월 최은희는 유영준, 황신덕과 함께 한국 여성의 지위향상과 계몽운동, 여성해방, 민족운동을 목표로 근우회 발기인 및 창립준비위원으로 활동했다. 근우회는 1927년 5월 17일 종로 YMCA에서 창립 총회를 가졌다. 최은희는 근우회에서 4년 동안 중앙집행위원 및 재무부장을 역임했다. 근우회는 창립대회에서 한국 여성의 공고한 단결과 지위 향상을 강령으로 채택하였다.

근우회의 강령
一. 조선여자의 공고한 단결을 도모함
一. 조선여자의 지위 향상을 도모함

근우회의 행동강령
一. 여성에 대한 사회적, 법률적 일체의 차별 철폐
二. 일체 봉건적 인습과 미신타파
三. 조혼폐지 및 결혼 자유
四. 인신매매 및 공창 폐지
五. 농촌부녀의 경제적 이익 옹호

六. 부인노동의 임금차별 철폐 및 산전 산후 임금 지불

七. 부인 및 소년공의 위험 노동 및 야업 철폐

　근우회의 설립으로 당시 민족주의와 사회주의로 양분되어 있던 좌우익 여성은 함께 힘을 모아 독립운동도 여성권익 향상 운동도 같이 하였다. 근우회 창립 당시 최은희는 기자라는 직업의 특성을 십분 활용하였다. 비교적 자유롭게 일제의 감시를 피해 각 가정을 개별 방문하여 발기인을 모집할 수 있었다.

　1930년 최은희는 법원에 근무하던 이석영과 결혼하였다. 1932년 최은희는 늑막염을 앓아 신문사를 그만둘 수밖에 없었다. 건강상의 문제로 조선일보사를 떠난 후 해방 전까지 공적인 영역에서 일체 활동을 중단하였다.[17] 1942년 남편이 병사한 이후 바느질 등으로 생계를 이어가는 중에 1945년 해방을 맞았다.

해방과 함께 활동 재개,
'여기자 상' 제정을 통해 여성 전문기자 양성 독려

　1945년 해방을 맞이하여 최은희는 '입으로만 여권을 부르짖지 말고 쟁취할 각오를 해야겠다'는 생각에서 동지들을 규합하여 9월, 여권실천운동자 클럽을 조직하고 대표에 취임하면서 다시 활동을 시작하였다.[18] 그리고 대한부인회 서울시본부 창설위원, 대한여자국민당 서울시 당수에 취임한 후, 최은희는 여성의 정계 진출 즉 여성 입각운동을 추진하기도

하였다. 그는 여성의 정치 참여는 남성과는 차별화된 능력을 발휘하여 여성 특유의 섬세함이 반영될 것이라고 강조하였다. 그리고 섬세함은 여성만이 가질 수 있는 출산, 양육의 경험에서 오는 것이며 이것은 타인을 배려하고 보호하는 감각이 높은 것과 연관되며 이러한 특성으로 인해 여성의 정치는 폭력적이지 않으며, 포용적이므로 여성의 정치 진출이 확대되어야 한다고 강조한 것이었다. 1952년 대한여자국민당은 임영신을 부통령 후보로 추대했고, 최은희는 "임여사를 우리의 부통령으로! 여자 부통령 입후보는 만고의 처음입니다"라는 글을 작성하며 여성의 정치 참여에 목소리를 높였다. 이후에도 최은희는 기자 경력을 살려 각종 성명서나 문서 작성을 전담하며 단체 활동을 펼쳐나갔다.[19]

그러나 해방 이후 최은희가 여성단체를 결성하고, 여성의 정치 참여의 확대를 주장하는 활동 외에도 심혈을 기울인 부분은 한국 여성의 역사를 조사, 발굴하여 드러내는 작업이었다. 일제시기 기자로 활동하면서 최은희는 여성 인물에 대한 기록을 수집하여 여성의 이야기를 책으로 엮을 생각을 하였다. 이것은 한국 역사 속에 수 많은 여성들이 한국사회를 변화시키고 이끌어가기도 하였는데 기록이 남아있지 않아 전해지지 않고, 전

최은희의 저작물
(출처: 추계 최은희 문화사업회)

해지지 않으니 아무런 활동도 하지 않았던 것처럼, 없었던 것처럼 잊혀져 가는 것을 안타깝게 여겼기 때문이다.

1973년부터 최은희는 항일여성운동의 역사를 정리한 『1905~1945년 한국여성활동비화, 조국을 찾기까지』 3권을 발간하였다. 그리고 1982년 부터 1983년까지 『여성중앙』에 연재한 글을 단행본으로 엮은 『한국개화 여성열전』에서는 명성왕후를 필두로 박에스터, 하란사, 엄상궁, 유관순 등 개항이후 위기에 처한 한국을 구하기 위해, 독립을 이루어내고자하였 던 23명의 여성들의 삶을 인물별로 정리하였다. 사후에 발간된 이 책은 민족문화에 공헌한 선구자적인 여성들을 '조국에 등불 밝힌 여류명인'과 '일제말기 교육을 위해 분투한 여류'로 나누어 서술하였다. 최은희는 자 신이 전통과 혁신의 중간지점에 살면서 누구보다 치열하게 그 시대를 체 험하며 새로움을 창조했던 살아있는 역사적 증인으로서 다시 여성들이 이룩한 성과를 독자들에게 생생하게 제시하는게 자신의 임무라고 말하였 다.[20] 최은희는 여성들을 역사 전면에 드러내고 여성의식을 고취시키고자 하였던 '역사가'의 면모를 유감없이 보여주었다. 실제로 그의 수 많은 저 술들은 한국근현대 여성사 전집이라고 할 수 있다.

한편 최은희는 1984년 자신이 모아온 재산을 '한 평생 언론 창달을 염 원하고 기여하고자 한 꿈과 뜻이 이루어지기를 희망'한다며 조선일보에 5,000만원을 기탁하여 해마다 우수 여기자에게 '여기자상'을 수여하도록 하였다. 이 상은 1984년부터 매해 5월에 수여되며 많은 여기자들이 이 상 을 받으며 기자활동을 독려 받으며, 전문인으로 거듭나고 있다. **김수자**

참고문헌

김수자, 「1920·30년대 『신여성』 여성기자의 여성담론 구성방식」, 『한국근현대사연구』 74, 2015.

김은주, 『한국의 여기자 1920-1980』, 커뮤니케이션 북스, 2014.

박용규, 「일제하 여기자의 직업의식과 언론활동에 관한 연구」, 『한국언론학보』 41, 1997.

박용옥, 『한국 여성 근대화의 역사적 맥락』, 지식산업사, 2001.

이옥수, 『한국근세여성사화』 하, 규문각, 1985.

장영은, 「3·1운동과 감옥에 갇힌 여성 지식인들 – 최은희의 자기 서사와 여성사 쓰기」, 『동방학지』 185, 2018.

최은희, 『여성을 넘어 아낙의 너울을 벗고』, 문이재, 2003.

최은희, 『여성전진 70년: 초대 여기자의 회고』, 중앙출판인쇄주식회사, 1980.

주

1 최은희, 『여성전진 70년: 초대 여기자의 회고』, 중앙출판인쇄주식회사, 1980, 14쪽

2 최은희, 『여성전진 70년: 초대 여기자의 회고』, 중앙출판인쇄주식회사, 1980, 42쪽

3 총독부는 '여자가 남자보다 아동의 심리상태를 더 잘 이해하며, 보통학교 1년급 아해의 나이는 만 6세이므로 이런 어린 아해들은 남자보다도 여자교원을 죠와하며, 여자는 남자보다 친절한 자태와 성질이 풍부함으로 자연히 어린 아동에게 대한 교육과 지도가 친절한 것으로 어린 아해 교육에는 여자교원이 낫다'고 본 것이다. 『매일신보』 1921. 9. 14.

4 『매일신보』 1920. 7. 1.

5 취운생, 「조선 신문잡지의 부인기자 역할」, 『신여성』 1932년 3월호

6 최은희, 『여성전진 70년: 초대 여기자의 회고』, 중앙출판인쇄주식회사, 1980, 88쪽

7 박용규, 「일제하 여기자의 직업의식과 언론활동에 관한 연구」, 『한국언론학보』 41, 1997, 28쪽

8 최은희, 『여성전진 70년: 초대 여기자의 회고』, 중앙출판인쇄주식회사, 1980, 157~159쪽

9 「米國, 中國, 日本에 다녀온 女流人物評判記, 해외에서는 무엇을 배웠으며 도라와서는 무엇을 하는가?」, 『별건곤』 4호, 1927. 2. 1.

10 최은희, 『여성전진 70년: 초대 여기자의 회고』, 중앙출판인쇄주식회사, 1980, 190쪽

11 최은희, 『여성전진 70년: 초대 여기자의 회고』, 중앙출판인쇄주식회사, 1980, 193~194쪽

12 최은희, 『여성전진 70년: 초대 여기자의 회고』, 중앙출판인쇄주식회사, 1980, 194쪽

13 『조선일보』 1926. 1. 1.; 최은희, 『여성전진 70년: 초대 여기자의 회고』, 중앙출판인쇄주식회사, 1980, 160쪽

14 『별건곤』 4호, 1927. 2. 1.

15 「여기자군상」, 『개벽』 4, 1935년 3월호, 70~75쪽

16 『삼천리』 제4권 제8호, 1932년 7월 1일.

17 「행방탐색」, 『삼천리』, 1932.7; 「청춘에 과수된 신여성기」, 『삼천리』, 1935.9; 박용옥, 『한국 여성
  근대화의 역사적 맥락』, 지식산업사, 2001.

18 최은희, 『여성을 넘어 아낙의 너울을 벗고』, 문이재, 2003, 31쪽

19 이옥수, 『한국근세여성사화』 하, 규문각, 1985, 142쪽.

20 최은희, 『여성을 넘어 아낙의 너울을 벗고』, 문이재, 2003, 456쪽

3장

여성의 참정권을 실천한 여성

1. 안사람 의병단 조직한 최초 여성의병장, 윤희순

윤희순 초상화
(출처: 민족문화대백과사전)

여권통문의 맥을 이어 여성도 동등하게 나라를 걱정하다

1898년 9월 1일에 서울 북촌에서 이소사, 김소사의 이름으로 발표된 '여학교설시통문(일명, 여권통문(女權通文))'은 한국여성들이 최초로 자신들의 근대적 권리를 주장한 선언서로서 한국 근대 여권운동의 초석이 된 역사적인 문헌이다.

여권통문에서 주장한 바는 ① 문명개화정치에 여성들도 참여할 권리가 있으며, ② 여성들도 남성과 평등하게 직업을 가질 권리가 있으며, ③ 여성도 남성과 평등하게 교육받을 권리가 있다는 것이다. 즉, 여성의 정치적 권리, 직업선택의 권리, 교육권(敎育權) 등을 요구한 것이다.

이 선언서 작성의 시작은 이 선언에 찬동하는 300명의 인사들로 출발하였지만, 선언이 발표된 이후 지지자의 수가 400~500명으로 확대되었다. 최초의 여권을 주장했던 이들은 북촌의 양반 부인이지만 점차 일반서민층 부녀는 물론, 기생들도 이에 적극 동참하였고, 여권신장에 뜻을 같이한 남성들도 점차 이에 동조하는 수준으로 진전되었다. 이 여학교설시통문의 결실이 바로 1899년 한국인 최초의 사립 여학교인 '순성여학교' 탄생이었다. 순수 여성들의 손으로 여성을 위한 초등과정의 학교가 서울의 느릿골에서 문을 열었던 것이다. 비록 작은 불씨 같던 미미한 시작이었지만 여성 교육의 중요함을 일깨우며 한국여성들을 학교로, 새로운 교육현장으로 이끌었다.

여권통문 선언에서 촉발된 여권운동의 맥은 일제강점기로 이어져 다양한 형태의 여성운동으로 발전, 확산되었다. 큰 틀에서 보면 여권신장운동과 민족독립운동의 두 갈래로 전개되었지만 때로는 여성교육운동으로, 농촌봉사로, 항일투쟁, 독립운동으로 이어졌다. 이런 의미에서 해방 후실시된 여성투표권, 평등교육권 등이 여성에게 거저 주어진 것이 아니었음을 확인할 수 있다. 즉, 근대 이후 일제강점기로 면면히 이어져 온 한국여성들의 자발적 여권운동의 결과였다.[1]

근대 이후 지속적으로 발전한 한국여성운동은 전통적 가부장제도 하의 남녀 불평등을 철폐하고 여성의 권리와 사회적 지위를 주장하는 여권운동의 성격이 강하지만, 특히 일제 식민통치의 국면에서 항일투쟁, 민족독립운동 투쟁의 특성도 내재되어 있었다. 한국여성운동이 한말 대한제국기의 태동기에서부터 구국운동, 국권회복운동과 병행되었고, 일제시기에는 민족독립의 민족적 숙원을 해결하려고 투쟁하였던 활동 양상이 한국

여성운동 특유의 역사적 전통으로 면면히 이어졌던 것이다.

근대 이후 일제강점기를 지내면서 선각적인 한국여성들은 국가와 민족을 위해 사상이나 나이를 불문하고 정의와 평화에 대한 신념을 가지고 정치·경제·사회·문화의 다방면에서 기틀을 잡아왔다. 이 힘은 결국 과도기의 조국 근대화에 박차를 가했고 여성들도 국민의 일원으로 공동체의 발전에서 일익을 담당하게 되었다. 이러한 여성들의 역사적 경험은 해방 이후 여성의 삶과 활동에 기틀이 되어 각자의 능력에 따라 다양한 삶을 선택할 수 있도록 영향을 주었다.

앞선 여성들의 경험 중 생사불고(生死不顧)의 정신이 낳은 행동의 의로움과 그 행위에 뒤따르는 희생의 장렬함을 함께 기리는 뜻을 담은 의열투쟁에서 가장 먼저 그 용맹함에 이름을 올린 여성이 바로 최초의 여성의병장 윤희순(1860~1935)이다.

서울 양반가에 태어나 춘천의 올곧은 의병집안으로 시집가다

윤희순은 1860년 6월 25일 서울에서 윤익상(尹翼商)의 큰 딸로 태어났다. 조선 충무공(忠武公) 희평의 후예로 유학자 집안에서 성장한 윤희순은 16살(1876년)에 춘천의병장 외당(畏堂) 유홍석(柳弘錫, 1841~1913)의 큰아들이며, 팔도창의대장 의암 유인석(柳麟錫)의 조카인 유제원(柳濟源)과 결혼하였다. 시댁은 춘천시 남면인데, 이곳은 고흥유씨 문중촌으로, 구한 말 위정척사사상을 대표하는 이항로(李恒老)가 의병 활동의 사상적 기초를 닦아 놓았던 까닭에 의병전통이 강한 지역적 특성을 띠고 있다.

1895년 일본이 명성황후를 시해하고 친일정권을 수립한 후 1896년 단발령을 발표하자, 각지에서 의병이 기의하였다. 국모의 원수를 갚고 기울어가는 나라를 구하기 위해 시아버지 유홍석도 그해 9월에 집을 떠나 의병에 가담했다. 윤희순도 "나라를 구하는 데는 남녀유별이 있을 수 없다"며 여자들도 의병대열에 합류해야 한다고 주장하였다. 시아버지는 부녀자가 갈 곳이 못 되니, 자손을 잘 키우는 일도 중요하다며 출정을 허락지 않았다. 이에 윤희순은 후원에 단을 세우고 매일 새벽 정화수를 떠놓고 의병의 승리와 시아버지의 무사 귀환을 기원하였다. 또한 낮에는 의병 활동을 돕기 위해 마을의 부녀자들을 모아 식량을 거두고 밥을 해주고 빨래도 해주며 휴식을 제공하였고 남장을 하며 의병에 도움이 되는 정보수집도 도왔다.

며느리의 정성 어린 새벽기도가 하늘에 닿았는지 어느 날 시아버지가 무사히 집으로 돌아왔다. 며느리가 꼬박 300일이나 정성을 들여 기도를 드렸다는 것을 안 유홍석은 감탄을 금치 못하며 거듭 며느리를 치하했다고 한다.

의병가, 각종 격문을 지어 애국심을 고취하고. 의병을 격려하다

이 시기 윤희순의 활동 중 가장 빛나는 것은 각종 포고문, 경고문, 격문, 의병가를 지어 일본과 그 앞잡이를 규탄 성토하고 경고하며, 국민들의 애국심을 고취하여 의병에 가담하여 투쟁할 것을 권장하고 의병들을 격려한 활동이다.

경고문 「왜놈대장 보거라」
(출처: 의암학회, 『윤희순의사
항일독립투쟁사』, 춘천시, 2005)

　윤희순은 국문으로 각종 경고문과 포고문 등 17편을 지어 자신의 애국
심과 투쟁 의사를 드러내고, 아울러 적대세력에 대한 경고를 통해 국민들
의 투쟁심을 일깨우고자 한 것이다. 윤희순이 특별히 학문을 닦거나 시문
을 연구한 바는 없지만 일제와 그 주구를 통책하는 격문과 여성들의 애국
심을 불러일으키는 글을 지었다. 이를테면 「왜놈대장 보거라」, 「금수덜아
바다보거라」는 왜적(일본)을 성토 회유하는 내용의 격문이다. 이 중 「왜
놈대장 보거라」란 격문에서는 일본의 국모 시해의 죄를 극렬히 책망하고
나서 "우리 임금, 우리 안사람네들 괴롭히면 우리 조선 안사람도 가만히
보고만 있을 줄 아느냐, 우리 안사람도 의병을 할 것이다"라고 주창하며
안사람 의병의 명분을 밝혔다.

　「방어장」, 「병정가」, 「의병군가」, 「병정노래」, 「애달픈 노래」 등은 의병
을 도와주고 의병에 가담하여 싸워야 한다는 취지를 담았다. 특히 「안사
람 의병가」, 「안사람 의병가 노래」는 부녀자들이 직접 의병에 나서지 못할
지라도 의병대를 도와주는 일도 중요한 역할임을 강조한 것이다. 윤희순
은 이런 내용을 담은 포고문과 경고문 등을 여러 곳에 붙여두어 부녀들은
물론 많은 사람들로 하여금 경각심을 갖도록 하였다. 또한 각종 의병가들
은 남녀노소가 모여 노래하게 만들어 애국심을 고취케 한 것이다.

특히 1895년 음력 12월에 쓴 「방어장」이나 1896년 봄에 만든 「병정노래」는 나라를 집어삼키려는 일본에 대한 적개심을 담아 일본(군)을 '왜적'이라 표현하면서 청년들이 의병에 가담할 것을 강력하게 권고하는 노래다. 이 노래에는 "우리 조선 청년들아 으병하러 나가보세 왜놈들은 강승한데 나라읍시 어이살리 왜놈들을 모러내여 우리집을 직켜가세..." 나 "우리나라 으병들은 애국으로 뭉쳐슨니 고혼이 된다한들 무워시 서러우랴 으리로 죽는거슨 대장부에 도리거늘..." 등의 가사는 양반가 여인의 용어라 하기 어려울 정도로 거칠며 저돌적인 투쟁성이 드러나 있다.

윤희순은 이렇듯 의병가 8편과 경고문 4편을 작성해 일본군의 앞잡이 노릇을 하던 밀고자를 꾸짖고 청년과 여성들에게 의병운동에 나설 것을 촉구하였다. 한글로 남긴 그의 글들은 당시의 여성은 물론 남성들의 항일 민족의식을 고취시키는데 기여하였다. 또한 12편의 글들은 최초의 한글 의병가요, 민족저항시였다는 점에서 그 역사적 의미가 자못 크다. 그 대표적인 글인 안사람 의병가 중 하나를 들어보면 아래와 같다. 이 의병가 말미에 "자주 일거보고 외워두고 하여라"라는 부기를 적어 두어 항상 각자의 마음에 나라 사랑을 새겨야 한다는 윤희순의 절절한 투쟁의지가 엿보인다.

윤희순이 쓴 안사람의병가노래
(출처: 의암학회, 『윤희순의사 항일독립투쟁사』, 춘천시, 2005)

안사람 의병가 노래

우리나라 의병들은 나라찾기 힘쓰는데
우리들은 무얼할까 의병들을 도와주세
내집읍는 의병대들 뒷바라질 하여보세
우리들도 뭉쳐지면 나라찾기 운동이요
왜놈들을 잡는거니 의복버선 만져주세
의병들이 오시거든 안옥하게 만져주세
우리조선 아낭내들 심을 모와 도와주세
만세만세만만세요 우리의병 만세로다

정미의병에서 안사람의병단을 이끌다

1907년 일제는 고종황제를 폐위시키고 대한제국 군대도 해산시켰다.

시아버지 유홍석은 첫 의병항쟁에서 실패해 청나라의 원조를 기대하고 중국의 요동에 갔다가 고종의 소명(召命)을 받고 고향에 돌아와 남면 가정리 항곡에서 후대계몽사업에 전념하고 있었다. 유홍석은 1907년 고종황제폐위 및 군대해산이란 정국에 대항하며 다시 의병진을 꾸리고자 의병 600여 명을 모아 가정리 여우내골에서 훈련을 시작했다.

윤희순은 30여 명의 여성을 동원해 의병들의 뒷바라지를 하는 한편 훈련에도 참가했고 또 군자금을 모집하며 놋쇠와 구리를 구입하기도 했으며 의병들의 빨래와 식사도 담당했다. 분연히 뜻을 모아 정미의병으로 다시 기의한 춘천의병은 무기도 낙후한 데다가 훈련 부족 등으로 또다시 좌절하고 말았다. 한국인들의 우려에도 불구하고 1910년 8월 '한일합병조

약'이 체결되자 가슴을 치며 한탄하던 유홍석은 온 가족과 함께 자결로 우국충절을 실천하려 하였다. 하지만 측근들의 간곡한 만류로 자결을 포기하고 중국으로 망명해 후일을 도모코자 하였다.

유홍석이 떠난 이튿날 가산을 정리해 뒤따르기로 한 윤희순과 맏아들 돈상(敦相)은 이 집안을 감시하던 일본 경찰에게 잡혔다. 의병장 유홍석 체포에 혈안이 된 일본 경찰들은 혹형을 가하면서 윤희순에게 시아버지가 간 곳을 대라고 윽박질렀다. 윤희순은 오히려 "나라와 겨레의 광복을 위해 투쟁하는 아버님이 가신 곳을 설혹 안다 한들 원수인 네놈들에게 말할쏘냐!" 하며 두 눈을 부릅뜨고 일본 경찰들에게 호통을 쳤다. 윤희순이 굴하지 않자 일본 경찰들은 이번에는 돈상에게 혹형을 가했다.

"네 자식을 죽여도 대지 않을 테냐?"

"어린 자식을 죽인다고 내가 거룩하신 독립투사 아버님과 자식을 바꿀 줄 아느냐?"[2]

윤희순이 자식의 죽음조차 꺼리지 않는 투지를 보임에 일본 경찰 역시 조사를 접을 수밖에 없었다. 이 같은 역경을 무사히 넘기고 윤희순은 마침내 만주로 망명길을 떠나게 되었다.

만주로 망명하여 독립운동을 이어가다

1911년 4월 윤희순은 앞서 망명한 시아버지를 따라 구국의 뜻을 품고 고향을 떠나 압록강을 건넜다. 윤희순이 정착한 곳은 중국 요녕성 흥경현(興京縣) 난천자(暖泉子)일대의 평정산(平頂山) 부근이었다.

이듬해에 유홍석은 가족을 관전현(寬甸縣)으로 이주시키고 자신은 재종 동생 유린석 장군과 함께 독립군 투쟁에 전념했다. 윤희순은 1912년에 환 인현(桓仁縣) 취리두 남산 밑에 정착한 후 항일인재를 양성하기 위해 노학 당(老學堂)을 설립하였다. 이 학당은 후일 만주 환인현 환인읍내의 동창 학교 분교(중등과정)로 인정되었고, 유인석의 문인 및 지인들과 중국인의 협조를 받으면서 발전해 나갔다. 이회영, 우병렬, 채인산 등과 중국인의 후원과 찬조로 세운 학교에서 윤희순은 교장으로, 교사는 동창학교의 이 극로, 이영포, 이동하가 겸하였고 교재는 본교에서 가져왔다. 운영자금은 윤희순이 모금했다고 지역의 독립운동가후손이 증언하고 있다. 이를 입 증하듯 이 일대 마을의 90여세 되는 중국인들은 '조선여성 윤교장'을 기 억하고 있다.[3] 이들이 기억하는 윤교장은 다름아닌 윤희순이다. 윤희순의 피땀으로 이룬 노학당은 1915년 일제의 간섭으로 폐교될 때까지 50여 명에 달하는 인재를 교육시켜 요동 일대에서 항일무장투쟁을 이끄는 독 립투사를 배출하는 성과를 거두어 역사적 의의가 자못 컸다.

그런데 의병 활동에 전념하던 시아버지 유홍석은 끝내 대의를 펴지 못 하고 1913년 12월 21일에 요녕성 환인현(桓因縣) 대아하 춘류두 남산거 제(南山居第)에서 한 많은 세상을 떠났다. 1915년 정월 29일에 13도 의병 총대장으로 구국항쟁을 지도하던 유인석 장군도 별세하였다. 의병을 이 끌던 원로들의 연이은 별세로 의병세력과 윤희순은 상심하지 않을 수 없 었다. 그 와중에 윤희순의 남편 유제원도 응어리진 마음의 한을 풀지 못 한 채 1915년 10월 2일 56세를 일기로 세상을 등지고 말았다.

시아버지와 숙부 유인석, 남편이 연이어 망국의 한을 풀지도 못하고 사 망하자 윤희순은 분노로 가슴을 태웠다. 이제 실질적인 가장이 되어 아들

환인현 보락보진
'노학당' 자리에 세워진 유지비
(출처: 보훈처)

들과 생계를 꾸려야 하는 어려운 상황이지만 불구대천의 원수를 갚고 민족의 독립을 기어코 이룩하리라는 마음으로 세 아들과 함께 독립운동에 투신하였다. 노학당이 폐교된 이후 무순(撫順)의 포가둔으로 이주하고 아들 유돈상을 도와 만주·몽골·중원 등지의 중국인 동지들과 힘을 합쳐 한중연합단체인 조선독립단(朝鮮獨立團 이명 대한독립단)을 조직하였다. 이 단체는 유돈상이 할아버지와 아버지의 독립정신과 그 유지를 이어 본격적으로 독립운동에 나서면서 만주, 몽고, 중원(中原)지역의 민족운동 동지들을 찾아다녀 음성국(陰聖國)·음성진(陰聖進) 등 180여 명과의 의기투합해 조직한 것이다. 유돈상의 동생인 유민상과 유교상도 독립운동에 전력을 다하였다.

이들은 홍익단(弘益團)과 합세하여 적을 공격하기로 계획하고 준비하던 중 일제의 앞잡이에게 기밀이 누설되어 일제의 급습으로 실패하였다. 다행히 피신한 유돈상은 은둔하면서 새로운 독립투쟁의 계획을 세웠다.

1926년 윤희순은 독립군 양성이 절실함을 깨닫고 아들을 도와 조선독립단 학교를 설립하여 독립투사를 양성코자 하였으며 더불어 조선독립단 가족부대를 만들고 직접 군사훈련에 참가하기도 하였다. 또한 유돈상은 김인수·유석현·윤병구·신덕영·이혁인 등과 군자금을 모집하여 병기를 구입하여 군사훈련을 하였다.

남편을 여의고 혼자서 아들 셋을 독립운동가로 키운 윤희순이지만 가끔은 참담한 심경으로 나라를 잃고 멀리 타국에서 떠도는 자신의 운명을 돌아보면서, '신세타령'으로 가슴 속의 응어리를 표출하기도 하였다. 윤희순의 '신세타령'은 그 당시 디아스포라 한국인의 나라 잃은 설움과 고향 떠난 슬픔을 담아낸 것이다.

아들 유돈상은 항일투쟁의 여건이 점차 나빠지자 이를 해결하고자 1928년에 일시 귀국하여 강원도 춘천(春川), 충북 제천(堤川) 등지에서 민족교육을 실시하는 한편 군자금을 모집하여 만주지역 독립운동 단체를 지원하기도 하였다.

1930년대 초 윤희순은 요녕성 동고촌 뒷산 밑으로 이주하여 항일운동을 전개하였다. 이곳에 일본군과 앞잡이들이 갑자기 들이닥쳐 집에 불을 질렀다. 모든 살림, 서적, 사당이 불타버렸다. 이 사건으로 조선독립단원들은 산속에 숨어 지냈으나, 단원의 가족들은 일본군에게 끌려갔다. 노구의 윤희순도 일본군에게 고초를 겪었지만 석방되었다. 살던 집이 불타버렸으니 마땅히 지낼 곳이 없던 차에 이웃 중국인의 주선으로 작은 집을 얻어 지냈다. 이후 아들 유돈상과 유교상이 비밀리에 어머니를 찾아왔지만 곧이어 유돈상은 조선독립단으로 가고 다른 가족들과는 모두 흩어지게 되었다. 다시 홀로 남은 윤희순은 죽고 싶은 심정이 들었지만 광복이 된 후 자손들이 잘 사는 모습을 보고 싶어 죽을 수 없었다고 한다. 하지만 그 삶이 얼마나 신산했는지는 윤희순이 당시 지은 '신세타령'이라는 가사에서 엿볼 수 있다. 이 가사에는 일본군 때문에 한 곳에 정착할 수 없어 항상 떠돌이 생활을 할 수밖에 없고 갈 곳도 없는 자신의 신세를 한탄하는 항일여성운동가의 모습이 고스란히 담겨있다.

> 슬프고도 슬프다, 이내신세 슬프도다, 이국만리 이내신세
> 슬프고도 슬프도다,
> 보이는 눈 쇠경이요 들리는 귀 막혔구나, 말하는 입 벙어리요
> 슬프고도 슬프도다, 이내신세 슬프도다 보이나니 까마기라,
> 우리조선 어디가고 왜놈들이 득실하나,
> 우리인군 어디가고 왜놈대장 활기치나,
> 우리의병 어디가고 왜놈군대 득실하니,
> 이내몸이 어이할고 어디간들 반겨줄까, 어디간들 반겨줄까

한탄했지만 현실을 피하지 않고 이를 극복하고자 애썼다. 윤희순은 중국인의 집과 친척 집을 돌며 피신하다 해성현 묘관둔으로 이사하고 항일운동의 근거지로 삼았다.

하지만 유돈상은 1931년 다시 만주로 건너가 무순(撫順)에서 독립단을 재조직하여 활동하게 되었다. 그런데 1935년 무순에서 독립단 청년단원들을 교육하던 중 일제의 급습으로 장인 음성국과 함께 일본 헌병에 체포되었다. 돈상은 혹독한 고문을 받고 풀려났으나 집에 돌아오던 중 7월 19일에 어머니의 품 안에서 순국하였다.

그렇게도 소망하던 조국독립은 아직 이루지도 못하고 조국광복을 위해

투쟁하던 시아버지와 남편을 나라에 바쳤는데, 이제 또 큰 아들까지 잃어버린 윤희순은 원수 일본을 향한 분노가 남달랐다. 하지만 어느새 70살이 된 윤희순은 아들을 잃은 상실감을 이겨내지 못하고 아들이 숨진 지 11일 만인 1935년 8월 1일 75세를 일기로 별세하였다. 비록 윤희순은 세상을 떠났지만, 그녀의 유지를 받든 민상·교상 두 아들은 맏형 돈상의 독립운동을 이어갔다. 윤희순은 요녕성 해성시 묘관둔에 안장되었다. 그의 유해는 정부의 후원으로 1994년 10월 20일에서야 그리운 고국으로 돌아왔다.

윤희순은 항일독립운동이 지속적으로 계승되어야 한다는 생각에서, 자신과 가족의 항일투쟁사를 적은 『일생록』을 남겼는데 그 내용의 요체는 "자신의 소망인 충효 애국 정신, 자손 만대 보존"이었다.

정부에서는 그의 공훈을 기리어 1990년 건국훈장 애족장을 추서하였다. 시아버지 유홍석은 애국장, 아들 유돈상은 애족장에 각각 추서되었다. 이처럼 끈질긴 일제의 탄압에도 불구하고 윤희순은 3대에 걸쳐 항일독립투쟁을 뒷바라지하고 본인도 직접 독립운동에 참여했던 진정한 여성투사였다.

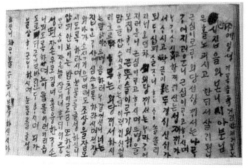

일생록의 일부
(출처: 윤희순, 『일생록』)

춘천시립도서관의 윤희순동상
(출처: 보훈처)

윤희순은 최초의 여성의병을 이끈 선각자였다

　윤희순은 여성의 사회활동을 인정하지 않던 가부장적 사회제도 속에서 최초의 여성의병으로 의병대를 조직하고 의병투쟁으로 국권회복운동에 몸담은 이후 40여년을 독립운동에 헌신했던 여성의열투쟁가였다.

　선진적 근대학문을 배우지 않아도, 여성도 국가를 지켜야 한다는 국민의 일원임을 스스로 깨달아 이를 주위의 부녀자들과 청년들에게도 고취시켜 애국심과 투쟁의식을 심어주었던 선각적인 여성이었다.

　춘천시에서는 최초의 여성 의병으로 국가와 민족을 위하여 헌신하였던 윤희순의 숭고한 민족정신을 기리기 위해 1990년 11월 춘천시립도서관에 동상을 건립하였다.

　아울러 춘천에서는 윤희순 의사의 넋을 기리기 위해 매년 3월 1일(삼일절), 음력 8월 1일(기일)에 헌다례식을 올리고, 8월 15일에는 광복절 기념 헌화 의식을 행하고 있다. 강영심

참고문헌

강영심, 「2018 여권통문 표석 설치 장소지정을 위한 연구」, (사)역사·여성·미래 주최 한국최초 여성인
　　권선언문 여권통문 발표120년 기념학술대회, 2018.9,

강원의병운동사연구회, 『강원의병사』, 1987.

국가보훈처, 『대한민국독립유공인물록』, 1997.

류일엽, 박문봉, 김광영 주필, 『중국조선족항일지사 100인』, 민족출판사, 2015.

박한설편, 『외당선생삼세록』, 강원일보사, 1983.

윤희순, 『의병가사집』

윤희순, 『일생록』

의암학회, 『윤희순의사항일독립투쟁사』, 춘천시, 2005.

『강원도민일보』, 「새롭게 밝혀진 항일학교 '노학당'」, 2002.7.31.

주

1　강영심, 「2018 여권통문 표석 설치 장소지정을 위한 연구」, 역사 여성 미래 여권통문발표120주
　　년 기념학술회의, 2018. 9

2　「조선 선비의 아내 윤희순」, 류일엽, 박문봉, 김광영 주필, 『중국조선족항일지사 100인』, 민족출판
　　사, 2015년 9월.

3　『강원도민일보』, 「새롭게 밝혀진 항일학교 '노학당'」, 2002. 7. 31.

2. 대한민국 임시의정원 최초 여성의원, 김마리아

　1898년 여성지식인들이 여성인권선언인 '여권통문'을 발표한 이후, 여성들은 주체적인 여성으로서 교육을 받을 권리, 직업권, 국정참여권 등 여성인권 3권을 요구하였다. 이러한 여권통문은 이후 한국여성운동의 커다란 길잡이가 되었다. 이후 한국여성들은 교육 분야을 넘어 다양한 영역의 개척자, 선구자로 활동하였다. 시대적 상황과 관련하여 보면 국가를 되찾는 최전선에서 하나의 역할만이 아니라 2, 3개 그 이상의 역할을 수많은 여성들이 담당해냈다. 그들 중 한 명으로 김마리아를 꼽을 수 있다. 특히 그는 여성의 교육활동을 강조하며 여성해방을 위해 앞장섰으며, 여성으로서는 최초로 대한민국임시정부의 의정원으로 참여하는 등 한국의 독립을 위해 그 무엇과도 타협하지 않은 불굴의 독립운동가였다.

개화의식과 민족의식이 강한 집안에서 출생

　김마리아는 1892년에 황해도 장연 소래마을에서 아버지 김윤방(金允邦)과 어머니 김몽은(金蒙恩) 사이의 세 딸 중 막내로 태어났다. 언니는 함라, 미렴이었다. 김마리아의 집안은 광산 김씨로 서울에서 대대로 살던 양반 명문가였으며 소래마을에서 김참판댁이라 불렸다. 김마리아의 아버지 김윤방은 조부 아래서 어려서부터 한학만을 공부하였는데, 일반 유생과는 달리 새로운 개화 문명에 남다른 관심과 열의를 보였다. 김윤방은 김마리아가 세 살 때인 1894년, 34세라는 젊은 나이에 병사하였다. 김마리아의 집안은 딸들에게도 교육을 시키려는 의지가 강하였다. 1899년 김마리아는 8세의 나이로 소래학교에 입학하였다. 1903년 소래학교를 졸업하였으며, 1905년 어머니가 복막염으로 세상을 떠나면서 1906년 서울로 이주하였다. 김마리아의 어머니는 개화사상에 공감하여 세 딸들을 교육시켰다. 어머니는 당시 마리아의 언니들에게 "오늘날의 세상은 옛날과 달라 여자도 반드시 공부를 하여야 한다. 마리아는 외국 유학까지 보내어 꼭 큰 인물로 키워주기 바란다"는 내용의 유언을 남길 정도로 딸의 교육에 관심이 높았다.

서울로 이주한 후 숙부 김윤오의 주선으로 언니 미렴은 큰언니 함라와 고모(김순애, 김필례)들이 다니는 연동여학교(후에 정신여학교로 개명)에 입학하였고, 마리아는 이화학당에 입학하였다. 그러나 보름이 지나서 마리아도 가족들과 함께 있고자 연동여학교로 옮겨 공부를 시작하였다. 숙부 김윤오는 마리아의 아버지 김윤방과 마찬가지로 소래교회 집사로 활동하였으며, 1903년 서울역 앞 세브란스 건너편에 동생 김필순과 함께 '김형제 상회'를 개업하였다. 이 상회는 신민회 회원들의 모임 장소로 활용되기도 하였으며, 김윤오는 1905년 을사조약 체결 이후 서우학회를 설립하는 등 자강운동을 펼친 인물이다. 둘째 숙부 김필순은 17살에 서울에 와서 언더우드의 도움으로 배재학당에 입학하였고, 세브란스를 졸업, 한국 최초의 의사면허를 딴 양의였다. 김필순 또한 신민회 활동을 활발히 전개하였으며 안창호와는 의형제를 맺은 사이였다. 김마리아는 서울로 올라와 김필순의 집에서 머물며 학교를 다니기도 하였다.

고모인 김순애는 독립운동가이자 정치가인 김규식의 부인이 되었고, 하와이와 샌프란시스코, 상해에서 애국부인회 운동을 전개시킨 인물이었다. 연동여학교 1회 졸업생인 고모 김필례 또한 여성 교육계의 지도자로서 YWCA를 창립하고 발전시키는데 주요한 역할을 한 인물이다. 이와같이 김마리아는 일찍이 개화한 집안 그리고 민족의식 강한 집안에서 나고, 성장하였다. 이러한 집안의 분위기는 김마리아의 남다른 민족의식과 독립의식에 그대로 영향을 미쳤다. 김마리아는 연동여학교에 입학하여 공부하면서 기독교에 입문하게 되었고 신앙심이 깊어져 1908년 세례를 받았다. 1910년 정신여학교를 졸업한 후 언니 김함라가 교사로 있던 광주 수피아여학교 교사로 부임, 교육 계몽운동에 나섰다.

김마리아는 외국인 선교사 선생님들과 친밀한 관계를 맺고 있었다. 정신여학교의 루이스 교장은 재학시절은 물론 졸업후 일본 유학을 강하게 권하며 주선해주었다. 1912년 김마리아는 1년간 히로시마(廣島)의 긴조여학교(錦城女學校)와 히로시마여학교에서 일어와 영어를 수학한 뒤, 귀국하였다. 그리고 1913년부터 1년간 정신여학교에서 교사생활을 했다. 그리고 1915년 루이스 교장의 권유로 동경여자학원으로 다시 유학을 떠났다. 이 학교는 기독교계 학교로서 정신여학교와 관계가 깊었다. 고모 김필례와 이혜경도 이 학교에 유학하고 있었다. 김마리아는 1915년 5월 동경여자학원 본과(당시 고등여학교)에 들어가 1916년 3월에 졸업하고 이어 고등과(당시 전문학교) 3년을 수학하고 1919년 3월에 졸업하게 되어 있었다.

일본 유학은 김마리아의 삶에 많은 영향을 주었다. 당시 일본에서는

1911년에 입센의 『인형의 집』이 연극으로 초연되어 여주인공 노라의 가출이 파문을 일으켰고, 『청탑』이라는 잡지가 창간되어 "연애와 결혼", "새로운 여성들" 같은 글이 발표되어 여성해방을 줄기차게 주장하였다. 일본의 이러한 여성주의적 분위기에 김마리아는 여성으로서 자의식을 키우고 여성해방의식까지 갖게 되었다. 일본에서 공부했던 여자 유학생들은 수시로 모임을 만들어 회합을 하며 조국의 독립과 민족의 장래를 논의했다. 이들은 구국적 차원에서 여자교육을 논하고 여자의 동등한 인간적 권리와 사회참여의 길을 모색하고자 했다. 이들의 주장을 표현하고자 1915년 4월 3일 김정식의 집에서 김숙경, 김정화, 김필례, 최숙자, 나혜석 등 10여 명이 모여 조선여자유학생 친목회를 조직하였고, 회장에는 김필례가 선출되었다. 이 모임은 여자 유학생간의 친목 도모와 더불어 스웨덴의 여성해방론자인 엘렌 케이(Ellen Key, 1849~1926)와 같은 이상적 여성의 삶을 창조하고자 했다. 1916년 김필례가 정신여학교 교사로 가게 되자, 김마리아가 1917년 10월 17일 임시 총회에서 회장이 되었다. 동경미술학교의 나혜석이 총무, 동경여자의학전문학교에 다니던 정자영과 현덕신이 서기와 회계를 맡아 이 모임을 이끌어나갔다.

조선여자유학생친목회는 기관지로 『여자계』를 발간하였다. 이 잡지는 일제하에서 여자의 손으로 만들어진 최초의 잡지였다. 『여자계』를 통해 김마리아는 민족운동과 여성운동에 대한 자신의 생각을 피력하였다. 그리고 김마리아는 조선여자유학생친목회를 본부로 하고 지방 여자 유학생 조직에 나섰다. 이때 교류한 여성들은 후배인 차경신을 비롯하여 정경애, 김정송 등이 있었다. 이것이 곧 여자유학생 2·8선언과 3·1운동으로 이어졌다. 일본 유학시절 『여자계』(제3호, 1918년)에 김마리아는 '여자교육

일본유학시절에도 한복만 입었던 김마리아
(출처: 김마리아 기념사업회)

론'을 실었다. 김마리아는 "현대문명의 특징은 '해방'이라 합니다. 정권해방, 직업해방, 노예해방, 학문해방, 여자해방 등등 이것들이 오늘날 문명의 정신이라 하겠습니다. 사람은 태어난 채로는 사람이 아니요, 그 신체와 정신의 모든 능력을 조화적으로 발달시켜야 비로소 사람이 될 것이외다. 조선 여자는 조선 사회에 적합하고 유용하도록 하며, 조선사회에 헌신할 만하게 가르침이외다. 여자를 교육함에 무엇보다도 먼저 할 것은 여자를 알아줌이외다."라는 글을 실으며 여성해방, 여성교육에 대한 입장을 강하게 드러냈다. 나아가 김마리아는 독립운동에서 여자도 남자와 똑같이 독립운동을 해야 한다고 생각했다. 일본 유학시절에 결코 일본 옷을 입지 않았던 것으로로 유명하다. 이것은 김마리아의 민족의식의 투철함을 보여주는 한 단면이라고 할 수 있다.

여성들도 국민된 의무와 권리를 다하기 위해 항일 여성단체 조직

감마리아는 동경여자학원 졸업을 앞둔 1919년 2월 황애덕 등 여자 유학생들과 함께 성금을 거두고 2·8독립선언 준비 자금에 보태고, 2월 8일 당일에는 동경 YMCA강당에서 열린 독립선언대회에 참석, 독립선언문과 결의문을 낭독했다. 김마리아는 황애덕, 노덕신, 유영준, 박정자, 최제숙 등과 함께 참여하여 일제의 한국 식민지 정책을 신랄하게 성토 규탄하고, 최후의 순간까지도 일제와 투쟁할 것을 호소하였다. 독립선언서에 11명이 서명했는데, 여학생은 한 명도 없었다. 김마리아는 이것을 계기로 항일독립운동에서 여성들의 참여 문제를 절실하게 생각했다. 당시 김마리아는 현장에서 체포되지는 않았지만 학교로 돌아온 후 일본 경시청에 체포되었다가 풀려났다. 이때 조국광복을 위해 자신을 바치겠다는 굳은 의지를 세운 뒤 스스로 졸업을 포기하고 귀국을 결심했다.

2월 17일 김마리아는 차경신과 함께 「독립선언서」 10여 장을 베껴 변장한 일본 옷띠인 오비 속에 숨기고 부산에 도착하였다. 독립운동가들의 연락처로 사용했던 부산 백산상회에서 고모 김순애와 고모부 서병호를 만났으며, 광주에 들러 고모 김필례와 언니 김함라를 만나 독립선언문을 전해주고 거사를 확대 시킬수 있는 방안 등을 모색하였다. 2월 21일, 서울에 도착하여 정신여학교 교사로 있던 장선희를 찾아 동지 규합을 의논하였고, 독립운동 자금을 모으기 위해 황해도 재령과 황주, 또 평양을 돌아다녔다. 서울의 여교사들과 간호원들을 규합하여 독립운동에 대비할 것을 촉구하고 황해도를 돌던 중 3·1운동이 일어났다.

김마리아는 "여성들도 국민된 의무와 권리를 다하게 하기 위해서는 먼저 항일 여성단체를 조직해야 한다"고 생각하였다. 3월 2일 김마리아는 이화학당에서 박인덕, 신준려, 나혜석 등과 여성 참여 전략을 협의하였는데, 첫째, 독립운동에는 여성의 활동을 가장 필요로 함으로써 여성단체를 조직하여 남성의 단체와 연락 활동할 것, 둘째, 이 목적을 달성하기 위하여 독립운동을 추진할 여성단체에 간사를 둘 것, 셋째, 독립의 목적을 달

성할 동안까지 각 학교 학생은 휴교를 단행할 것이 그것이었다. 이와같은 전략에 따라 간사로 김마리아, 황애덕, 박인덕, 나혜석을 임명하였고, 정신, 신명 등 각 학교를 순회하며 선동에 나섰다. 여학교마다 집회와 시위를 알리는 쪽지가 돌았다. 당시 정신여학교에 돌았던 쪽지에는 "3월 5일 오전 8시 남대문역 앞 집합. 미투리에 들메하고 나올 것"이었다. 들메는 먼 길을 걸을 때 신발이 벗겨지지 않도록 동여매는 것으로 만세운동에 대한 만반의 준비를 촉구하고 있었음을 알 수 있다. 서울역 광장에는 경성여고보, 이화, 진명, 정신 등 여학교 학생들이 흰 저고리에 짚신의 상복차림으로 만세 시위에 참여하여 목청껏 만세를 불렀다.

한편 김마리아의 귀국 활동을 눈치채고 뒤쫓던 일본 형사들은 3월 6일 정신여학교에서 김마리아를 체포하였다. 이때 김마리아와 함께 황애덕, 나혜석, 박인덕, 신준려 등이 일경에 체포되었다. 결국 「보안법」 위반 죄목으로 서대문형무소에서 5개월 동안 옥고를 치르고 그 해 8월 5일 증거불충분이란 명목으로 석방되었다.

대한민국애국부인회 회장으로 선출,
남자와 평등하게 적극적으로 독립운동에 참여

김마리아는 출감 후 정신여학교에 살고 있던 미국인 선교사이자 부교장인 천미례부인의 2층방에 머물면서 교사로 돌아왔다. 교사 일을 하면서 보니 정신학교 출신을 중심으로 애국부인회 활동이 전개되고 있는 것을 알게 되었다. 이 단체는 정신여학교 졸업생 오현주가 3·1항쟁 직후 수

감된 독립운동가를 원조하기 위해 조직한 '혈성단 애국부인회'가 시초이고 이후 이병철 등의 대조선독립애국부인회와 통합하여 1919년 4월 대한민국애국부인회로 통합, 재발족하였다. 당시 애국부인회는 3개월간 모금액 747원 중 300원을 상해에 보내는 정도의 활동을 하고 있었다.

김마리아는 조직적인 지도력이 필요하다고 생각하였다. 애국부인회 간부들을 모아 김마리아는 황애덕의 출감을 축하한다는 명목으로 10월 19일 다과회를 열었다. 이 자리에서 종래의 애국부인회를 계승하되 김마리아와 황애덕을 중심으로 전국적인 조직 확장에 의견을 모으게 되었다. 임원 개선 결과 김마리아를 회장으로 추대하고, 부회장에 이혜경, 총무에 황애덕, 재무부장에 장선희, 교제부장에 오현주, 적십자 부장에 이정숙, 윤진수, 결사대장에 김영순, 신의경 등이 임명되었다. 취지서도 만들었다. 즉, "인권을 찾고 국권을 회복할 최대의 목표를 향하여 우리에게는 다만 전진이 있을 뿐이오, 추호의 후퇴를 용허할 수 없다"고 하였다.

김마리아는 대한민국애국부인회의 조직을 확대 강화시키는 과정에서 독립운동의 정신과 그 방략은 "오직 애국"이라고 강조하며, 인민이 행하여야 할 애국 독립의 정신과 행동을 다음 다섯 가지로 정리하기도 하였다.

첫째는 나라 사랑의 독실함과 정성의 지극함,
둘째는 국체의 공고함,
셋째는 진중한 행함,
넷째는 신실하게 말함,
다섯째는 단합.

이와같이 김마리아는 오직 "나라 사랑"을 독립운동의 최고의 가치 덕목으로 강조하였다. 나라 사랑하는 인민만이 국권과 인권을 회복할 수 있으며 이 이상을 위하여 부인들도 단합하여 전진하여야 한다고 주장했던 것이다. 이 애국부인회는 독립전쟁에 여성들을 적극적으로 참여토록 한다는 점에서 종전의 애국부인회와는 차별되었다. 종전의 부인회는 주로 독립운동자금을 수합하여 임시정부에 송부하는 활동을 했던 것과는 달리 남자와 평등하게 적극적인 독립운동에 참여하려는 의도를 가지고 있었다.

그런데 1919년 11월에 김마리아를 비롯해 애국부인회 관련인들이 전국에서 52명이 검거되고 대구로 압송되었다. 이 사건을 '김마리아 사건'이라고 한다. 이들의 검거로 애국부인회의 방대한 규모가 알려지게 되었고, 경찰에서는 이것이 발각되지 않았다면 큰일 날 뻔했다고 할 정도였다. 이들의 검거에 교제부장으로 있던 오현주가 관련된 것으로 알려졌다.

김마리아로서는 세번 째 체포였으며, 경찰에서의 심한 고문과 검사들의 모욕적인 심문에도 굴하지 않고, 당당하고 의연했다. 재판 담당 검사의 논고를 보면 "무릇 조선인이라도 일본의 신민이 된 이상에 일본 기반을 벗어나고자 하는 것은 국적(國賊)이다. 더욱이 김마리아는 여자로서 대학교까지 졸업하고 인격과 재질이 비범한 천재를 가졌음으로 그 대담한 태도와 거만한 모양은 이루 말할 수 없는 중 더욱 가중한 것은 의연히 '나는 일본의 연호는 모르는 사람'이라 하면서 서력 일천구백몇년이라고 하는 것을 보면 그의 눈에 일본 제국이라는 것은 없고 일본의 신민이 아닌 비국민적 태도를 가진 것이다. …김마리아는 인격수양과 여자교육 보급하는 것이 그 회의 취지이라 하나 … 그 전에 경찰 관리에게든지 본직

에게든지 공술한 말을 보건대 '조선사람으로 조선의 독립을 운동하는 것
은 당연한 일이 아니냐' '남자가 활동하는데 여자가 활동하는 것도 당연
한 일이 아니냐'하고 대답한 것을 보아도 범죄의 증거는 확실하며…여자
교육을 목적한 것이라면 무슨 연고로 대한민국 애국부인단이라는 불온한
명칭을 붙였으며, 또 비밀에 부칠 필요가 있느뇨? 또 이정숙과 백신영을
결사대원을 추천하였으니 전쟁에 나가지 않는 이상에 결사대가 무슨 필
요가 있었을까?"라고 적었다. 김마리아의 '한국 사람으로 독립운동하는
것은 당연한 일이며, 남자와 마찬가지로 여자도 활동하는 것이 당연하다'
라는 답변은 여성인 그녀가 독립운동에 임하는 태도를 보여주는 것이라
고 할 수 있다.

　김마리아의 일제와 타협하지 않는 태도는 더 심한 고문을 초래하여 폐
인이나 다름없는 투옥생활을 해야 했다. 2차 투옥으로 얻은 병이 악화되

어 감옥생활을 할 수 없을 정도가 되었다. 1920년 4월 29일 병보석으로 세브란스 병원에 입원하여 대수술을 받았으나 차도가 없었다. 병 보석중인 6월 재판에서 징역 3년을 언도 받았다. 재판 후 병보석으로 10월에 한양병원에 입원하여 2차 대수술을 받고 요양을 하였다. 병세악화로 세브란스에 다시 입원하였고, 망명계획을 세웠다. 1921년 6월 13일 병원을 나서 중국인 옷으로 변장하고 인천으로 탈출, 상해로 망명하였다.

상해 대한민국임시정부 의정원의 대의원으로 임명

1921년 8월 10일 경, 김마리아는 상하이에 도착하여 고모들을 비롯해 친척과 친지들의 극진한 간호를 받았다. 약 3개월 후, 11월에 이르러서야 상해 대한애국부인회 주최로 열린 김마리아 환영회에 참여했다. 1922년 2월 18일 상해에서 대한민국임시정부는 제10회 의정원 회의를 개최하면서 황해도 대의원으로 김마리아를 선출하였다. 그러나 당시 김마리아는 의원 활동은 거의 하지 않았다. 그 이유는 ① 건강 회복, ② 교육을 통한 국권회복 운동에 대한 신념, ③ 독립운동계의 분열 때문이었다. 김마리아는 실력양성을 하지 않고는 독립운동을 할 수 없다는 생각에서 학업을 계속하고자 난징(南京)의 금릉대학(金陵大學)에 입학하였다.

김마리아가 상해로 망명했을 당시의 독립운동계는 분열과 갈등이 심하였다. 분열과 갈등이 극심하여 이를 극복 해결하고자 1922년 5월 10일에 국민대표회 주비위원회를 결성하였으나 그 실행이 부진하다가, 1923년 1월 31일에 상해에서 국내외 국민대표들이 한자리에 모여 의견을 밝히는

국민대표회의가 개최되었다. 이때 김마리아는 개막연설을 하였다. 국민
대표회의에 기대를 가졌던 김마리아는 대한민국애국부인회의 대표 자격
으로 참석하여 수 백명 국민대표자들 앞에서 뜨거운 개막연설을 하였고,
시국문제에 대한 자신의 의견을 발표하기도 하였다. 발표의 핵심적 내용
은 "대한민국임시정부는 수만의 유혈로 성립되었고, 다수의 국민이 믿고
따르는 정부이므로 잘못된 것은 개조하여 이 정부를 중심으로 통일된 독
립운동을 해야 한다"는 것이었다. 그러나 개조파와 창조파 간의 뜨거운
논쟁은 5개월동안 이어졌으나 합의안을 이끌어내지 못한 채 분열의 골만
깊어진 채로 헤어졌다. 그러나 김마리아는 국민대표회의의 결렬에 대하
여 회의하거나 비판하지 않았다. 김마리아는 국민대표회의 결렬도 민족
독립의 희망적인 한 과정으로 보았던 것이다.

한편, 김마리아는 1923년 6월 21일 미국 유학 차 상해를 떠나 7월 11일
샌프란시스코에 도착했다. 도착 후 한인 교민을 대상으로 쉴 새 없이 애국
강연회를 다녔다. 생활비와 학비 마련을 위해 로스앤젤레스로 가서 공장
직공, 가정부, 도서관 사서 등의 일을 약 1년간 하였다. 그 후 1924년 9월
미네소타주 파아크빌에 있는 파아크대학 문학부에서 2년간 수학하여 교

1925년 미국에서 안창호, 차경신과 함께
찍은 사진 (출처: 김마리아 기념사업회)

파아크대학 졸업당시 사진
(출처: 김마리아 기념사업회)

사자격증을 받았다.

1927년에는 시카고대학 사회학과에서 연구 학생으로 진학했다가, 이 해 말 뉴욕으로 갔다. 1928년에는 콜롬비아 대학 대학원에서 사회교육을 공부하여 석사학위를 받았고, 이어 1930년부터 뉴욕 비블리컬 세미너리에서 신학을 공부하였다.

뉴욕에서 황애덕·박인덕 등 8명의 동지들을 만나 1928년 1월 1일 재미대한민국애국부인회라고도 불리는 근화회(槿花會)를 조직, 회장으로 추대되었다. 조직의 목적은 "민족적 정신을 도모하고 교육과 실업을 장려하며, 본국 사정을 널리 외국 사람에게 소개하며, 건국 대업에 원조하는 것"이었다. 근화회 발대식은 2월 12일 뉴욕 한인교회에서 거행되었다. "여자들이지만 위국 충정과 사회를 위해 일해 보겠다는 뜻은 남자들에게 뒤지지 않음"을 천명하였다. 이는 여성이 국가와 사회의 평등한 구성원이 되도록 여성의 실력을 양성해야 한다는 평소 신념을 조직운동을 통해 성취시키려는 것이었다. 당시 뉴욕 한인사회 유지들이 동지회를 조직하였으나 여자 유학생을 포함시키지 않았다. 성차별 의식을 갖고 있던 남자들로서는 여성들이 근화회를 조직하여 활동하리라는 생각은 하지 못했기 때문이었다.

귀국하여 기독교여성교육을 통한 여성계몽 운동 전개

미국 유학 기간동안 유학생 사회에서는 김마리아를 한국의 잔 다아크로 불렀다. 미국에서의 10년 공부는 김마리아의 평소 신념대로 조국에 있는 여성들에게 새로운 인생, 평등한 국민으로서의 삶을 살도록 교육하고 지도하는 지도자로 서기에 부족함이 없는 준비과정이었다. 형 집행 만료가 되기 위해서는 10년이 지나야 했다. 1930년 말 내지 1931년 초쯤 미국 장로교 선교회에서 조선총독부에 김마리아의 귀국 문제를 정식으로 타진했다. 선교회에서는 그가 종교사업에 종사할 것을 밝히고 귀국 1년 전에 원산의 마르다 윌슨여자신학원 부교장으로 내정하였다.

1932년 7월, 토론토의 선교부를 떠나 밴쿠버를 거쳐 배를 타고 하와이, 요코하마를 거쳐 귀국했다. 요코하마에서는 일본 고베 수상경찰서에서

원산의 마르다 윌슨 여자신학원
선생님들과 함께 찍은 사진(아래 왼쪽)
(출처: 김마리아 기념사업회)

나와 9시간 동안 취조했다. 부산에 상륙하자마자 심문을 받았고, 서울까지도 경관이 동행했다. 서울에서 1박 한 후 곧 원산으로 갔다. 그 후 원산으로 가는 길에 서울에 들렀다가 경기도 경찰부에 체포되어 유치장에서 이틀 밤을 자고 방면되었다.

1932년 8월 1일에는 정신여학교 동창회에서 귀국환영회를 베풀었고, 9월 6일에는 서울의 유지들과 민족대표들이라고 할 수 있는 윤치호, 함태영, 장선희, 신의경, 황애덕 등 30명이 발기인이 되어 서울의 식도원이라는 식당에서 김마리아와의 간담 초대회를 개최했는데, 수백명이 와서 성황을 이루었다.

여자신학원 교수로서 김마리아는 성경 과목을 강의하며 역사의식과 애국심을 고취했다. 학생지도에도 최선을 다해 학비가 없는 학생을 도왔으며, 여름방학 때는 학생들과 함께 농촌계몽운동에 나섰다. 김마리아는 기독교 여성운동을 전개하며 한국교회의 남녀차별을 비판하였다. "하나님이 우주를 창조하시고 일남일녀를 창조하여 만물을 주관하라고 명령하실 때 남녀 인권에 대한 차별이 없었고, 예수께서도 부부는 일신(一身)이라고 가르쳤지 등한시 한 일은 한 번도 없다"고 했다. 마리아는 여러 글에서 남녀는 원래 평등하다는 것을 일관되게 주장했다. 기독교 여성운동이 가정과 교회로부터 외연을 넓혀 여자기독청년회나 절제운동과 같은 사회적 기독교 운동 확대를 강조하기도 하였다.

이런 활동의 결과로 김마리아는 1934년

정신여고 교정의 김마리아 동상
(출처: 김마리아 기념사업회)

장로교 여전도회 제7대 회장이 되었다. 3년째 회장(제9대)시 1936년에는 여전도회가 23개의 지방연합회, 전국 지회 수 1만971곳, 회원수만 2만7천401명에 이르는 대규모 조직으로 발전하였다. 선교사업도 산동성, 남만주, 북만주로 확대되었다. 1937년에는 김마리아의 청원으로 '여전도회 주일'을 장로회 총회로부터 승인을 받아내기도 했다. 이는 여신도의 위치를 높여주고, 여전도회의 위상을 확고하게 하는 것이었다.

1930년대 일제는 조선민족 말살정책을 목적으로 황국신민화정책을 강화하던 시기였다. 창씨개명을 강제화했고, 언론은 물론 사상통제를 철저하게 했다. 1938년 가을에는 장로교 전국총회에서 신사참배를 가결하였다. 그러나 김마리아는 신사참배를 거부하였으며 이에 대해 조선총독부는 마르다 윌슨 여자신학원을 비롯해 기독교 장로교 학교들을 폐쇄했다. 김마리아는 결코 변절, 타협하지 않는 모습을 보여주었다. 몸이 약했던 김마리아는 1943년 12월 혈압으로 쓰러져 병원에 입원했으나 회복하지 못하고 1944년 3월 13일 영면했다.

김마리아는 평생 결혼하지 않고 독신으로 살았다. 김마리아의 삶은 한국을 위한 독립운동과 한국의 여성들을 위한 여성해방운동이었다. 그는 여성들을 모아 독립운동을 위한 조직 활동에 나서고 모금을 하고, 강연과 연설에 적극적이었던 행동하는 지식인이었다. 자유와 평등 위에 세워지는 민주독립국가를 이상으로 했던 김마리아는 남녀평등의 이념을 토대로 한 실력양성을 독립운동의 최고의 목표로 삼고 직접 독립투쟁에 참여했던 이론과 행동을 겸비한 민족지도자였다. 그녀의 독립운동은 1962년 건국훈장 독립장에 추서되었다. **김수자**

참고문헌

국가보훈처, 『대한민국독립유공인물록(大韓民國獨立有功人物錄)』, 1997.

박용옥, 『김마리아』, 홍성사, 2003.

정현주, 「김마리아」, 『한국 근대여성 63인의 초상』, 한국학중앙연구원출판부, 2015

최은희, 『개화여성열전』, 을유문화사, 1961.

3. 여성의 국정참여권, 국채보상운동에서 실천

'여권통문'이 발표된 지 9년

1898년 북촌여성들이 띄운 '여학교설시통문'(여권통문)은 교육권, 직업권, 참정권 등 세 가지 여성의 기본권을 주장했다. 이들이 요구한 참정권은 광범위한 국정 참여를 의미한다. "우리 성상(聖上, 임금님의 높은 말) 폐하의 외외탕탕(높고 넓은 덕과 업적)하신 덕업으로 임하옵신 후에 국운이 더욱 성왕하여 … 전일 게을렀던 관습은 버리고 각각 개명한 신식을 좇아 … 매일 새롭게 사람마다 힘쓸 것인데 어찌하여 한결같이 귀 먹고 눈먼 병신 모양으로 구습에만 빠져 있는가"라고 주장하여 고종 황제의 신문화 조치에 적극 참여하기를 촉구하였다.

그로부터 9년이 지난 1907년에 국채보상운동이 대구에서 시작되었다. 1907년은 최초의 여성단체 순성회가 관립여학교 설치를 주장하면서 세운 순성여학교가 문을 닫은 지 약 4년이 경과된 때였다. 따라서 국채보상운동에 앞장선 여성들은 '여권통문' 소식을 알고 있었으리라 추측되며, 여성의 평등한 국정참여 의식도 투철하였을 것이다.

국채보상운동이란?

일제는 한반도 침략전략의 하나로 대한제국에 떠넘긴 차관부채가 1,300만원에 달하였다. 당시 대한제국인들이 단연(斷煙, 담배끊기)하여 그 성금으로 차관을 상환하고 독립의 기초실력을 튼튼하게 하고자 하는 거국적 움직임이 일어났는데, 그것이 국채보상운동이다.

1905년 11월 17일 일본 제국주의의 강요에 따라 대한제국은 일제와 을사늑약을 체결하였다. 외교권 등 국권의 일부를 빼앗기게 되자 당면한 민족 과제로 광범위한 국권회복운동이 펼쳐졌다. 대한제국기 국권회복운동은 애국계몽운동과 의병운동의 두 가지 형태로 전개되었다. 애국계몽운동에는 신교육구국운동, 언론계몽운동, 실업구국운동(민족산업진흥운동), 국채보상운동, 신문화·신문학운동, 국학운동, 민족종교운동, 국외 독립군기지 창건운동 등이 포함된다.[1] 따라서 국채보상운동은 애국계몽운동의 한 줄기이다.

국채보상운동은 국민의 힘으로 일본 차관을 갚고 나라와 국민의 실력을 양성하고 자강(自强)을 실현하려는 애국계몽운동의 한 부문이었다. 한말의 개화자강파들이 주장했는데, 이들의 국권회복 전략은 국내에서는 신교육구국운동을 펼치고, 국외에서는 무관학교를 설립하여 독립군 기지를 창설하고 독립군을 양성하여 실력을 준비하는 것이었다. 또한 일본 제국주의가 더욱 팽창하여 만주 또는 태평양지역으로 나가려다가 불가피하게 중일전쟁, 러일전쟁, 미일전쟁이 일어나면 일제도 감당하기 힘겨운 전쟁이 될 것이므로 이것을 절호의 기회로 포착하여 국외로부터 독립군이 국내로 진입하여 독립전쟁을 전개하고, 국내에서도 그동안 준비한

국민의 실력으로 총단결하여 일시에 봉기해서 내외가 호응하여 한국 민족의 실력으로 일본 제국주의를 한반도에서 몰아내고 국권을 회복한다는 것이다.

애국계몽운동의 주체는 애국계몽운동가, 애국계몽운동단체, 각성된 일반국민을 들 수 있는데, 국채보상운동은 이 세 차원의 주체가 모두 결합하여 전개한 운동이었다. 특히 여성의 국채보상운동은 '여권통문'의 정신을 이어받은 것으로 평가될 수 있다.

대구에서 시작되어 전국적으로 확산

국채보상운동은 경상북도 대구에서 시작되었다. 1907년 1월 29일, 대구의 광문사 광문사문회(廣文社文會)의 회명을 대동광문회(大東廣文會)로 개칭하기 위한 특별회가 개최되었다. 이 자리에서 대동광문회의 회원이며 광문사의 부사장인 서상돈(徐相敦, 1851~1913)이 "일제의 국채(國債) 1,300만원을 갚지 못하면 장차 토지라도 주어야 할 것인데, 지금 정부의 국고금으로는 갚을 수 없는 형편이므로 2천만 국민이 담배를 3개월간 끊고 그 대금을 매월 1명당 20전씩 모아서 국채를 갚아버리자"는 것이다. 이에 동의하면 나부터 앞장서겠다고 800원을 내놓았다. 참석한 회원이 만장일치로 이 동의를 가결했다.

그러자 광문사 사장 김광제(金光濟, 1866~1920)는 결의를 실행하는 것이 중요하므로 당장에 실행하겠다고 자기의 연죽(煙竹, 담뱃대)과 초갑(草匣, 쌈지)을 없애버리고 3개월분의 담배 값 60전을 내어놓았다. 이에 회원들이 회장의 결심을 칭찬하면서 담배를 끊은 자가 많았으며, 그 자리에서 모인 의연금이 2천여원에 달하였다. 이 회의에서 대동광문회의 회장에 박해령(朴海齡, 1857~1920)이 선출되고 부회장에는 김광제가 선출되었다.[2]

대동광문회 회장과 회원들은 이어서 1907년 2월 초순에 발기인들이 광문사 사장 김광제, 부사장 서상돈, 대동광문회 회장 박해령, 부회장 김광제(광문제 사장 겸임) 회원 등의 이름으로 '국채보상취지서(國債報償趣旨書)'를 작성하여 전국에 발송, 반포했다.[3]

> 근세신사(近世新史)를 보건대, 나라가 망하면 민족이 따라서 절멸한다는 것은 애급(이집트), 폴란드, 월남 등에서 모두 증명된다. 다만 자기와 가족 있음만 알고 임금과 나라 있음을 알지 못하면 이것은 곧 스스로 자멸(自滅)에 떨어지는 것이다. 지금이야말로 우리들이 정신을 바짝 차리고 충의에 분발할 때가 아니겠는가.···국채를 갚는 방법의 하나로서 크게 노고노력을 하지 않고 의연금을 모으는 방책이 있다. 그것은 2천만 동포가 3개월 동안 담배 피는 것을 폐지하여 그 대금으로 1명이 매월 20전씩 징수하면 대체로 1300만원이 될 것이다. 만일 그 액수가 미달하면 1원, 10원부터 100원, 1,000원까지의 특별출연도 있을 것이다. ···

이 취지서의 핵심 내용은 더 이상 무능한 정부에게 국가의 존망을 맡기지 말고 국민들이 분발하여 일어서서 나라를 지켜야하며, 국고금이 없으니 국민이 단연하여 그 대금을 모아 갚음으로써 일본의 압제를 물리치고 국권을 회복하는데 동참하자는 것이다. 1,300만원의 외채는 당시 정부의 1년 예산에 해당하는 것이었다.

대동광문회가 국채보상운동대회를 열자 참석한 대구 군민의 호응은 열광적이었다. 만장일치로 박수를 치고 의연금을 냈다. 젊은이, 노인, 신사들, 부녀들, 술파는 노파들, 불구의 거지아이들, 푸줏간 정육상들, 어린이들, 제기 차는 아이들까지 모두 비분강개하여 의연금을 냈다고 묘사하였다.

서울에서는 1907년 2월 21일자 『대한매일신보』가 대동광문회가 발송한 국채보상운동 취지서를 전문 게재하였다. 그 후 『황성신문』(1907.2.25.)이 논설을 게재했고, 『제국신문』도 4회에 걸쳐 게재했다. 이러한 보도들이 효과를 내서 서울 각지 전국에서 국채보상운동단체들이 결성되기 시작했고, 국민들의 호응도 일어나기 시작했다. 예를 들어 서울 이현(梨峴, 지금의 종로 4가)에서 포목점을 하는 박승직(朴承稷, 1864~1950)이 70여원을 광문사로 보냈고, 마침 신민회 창립을 위해 귀국한 도산 안창호는 『대한매일신보사』를 방문하여 금화 35원을 기부했다. 국민들의 자발적인 의연금 모으기가 시작됐다.

일반 시민은 물론 약방기생, 노동자들, 인력거꾼들, 짚신장수, 채소장수 부인, 음식장수, 떡장수, 행상인, 백정 등 사회 저변층도 참여했다.

서울에서는 1907년 2월 22일 국채보상기성회가 결성되었고, 이 기성회에서는 약국 등 여러 곳을 의연금 수합소로 지정하였다. 상인들이 모여서 국채보상중앙의무사도 결성하여 의연금 모금 장소로 황성신문사를 지정하기도 했다. 이어 서우학회, 대한자강회 등 학회들이 적극적으로 국채보상운동을 성원하기 시작했으며, 관립 영어 학교를 비롯해 각급학교 교사와 학생들, 그리고 여성들이 본격적으로 국채보상운동에 호응하였다. 급기야 고종황제까지도 담배를 끊었고, 100원을 대한매일신보사에 보냈다. 3월에 들어서는 전국으로 퍼져 나갔다.

'여자도 국민', 국채보상 의연금 모금에 적극 참여

전국적으로 확산된 국채보상운동은 대규모의 애국계몽운동으로 발전했다. 당시 중앙의 신문들은 모든 국민이 알 수 있도록 보도했다. 제주도에서부터 함경북도까지 전국을 휩쓸었다. 자발적이고 열성적인 참여자들은 전국각지에 무수한 국채보상기성회, 단연회, 국채보상찬성회, 단연동맹, 국채보상부인회, 패물폐지부인회, 애국부인회 등의 단체를 조직하였다. 여성들은 금은 비녀와 가락지를 내놓고 참여했으며, 머리카락을 잘라 팔아 이 운동에 호응해서 참여하는 여학생도 있었다.

국채보상운동의 여성 참여는 그야말로 '여권통문'의 여성의 정치참여 권리를 적극 행동으로 옮긴 실천운동의 예이다. 1907년 한 해 동안 당시 신문의 특히 여성들이 투고한 내용을 보면 '여자도 국민'이란 표현이 가장 빈번하게 등장하는 표현이었다.[4] 국채보상운동을 계기로 '나라 위하는 마음과 백성 된 도리에는 남녀의 차이가 없다'는 주장이 확실한 명분을 얻을 수 있었다. 대구에서 시작된 국채보상의연금 모금을 위한 금연운동에 이어 국채보상운동을 위한 부인회가 3, 4월에 전국 각지에서 결성되었고, 각 신문들은 부인회 취지서를 게재하는 등 국채보상운동 소식에 많은 지면을 할애했다.

전국에서 일어난 국채보상부인회의 취지서는 '국민 된 의무'를 환영하며 기꺼이 구국의 대열에 동참하여 한 몫을 하겠노라는 여성들의 강렬한 참여의식을 반영했다. "조선부인들아, 이 때를 당하여 국민 된 의무를 행하여 봅시다."[5] 부인회 취지서에는 여성독자들의 참여를 유도하는 문장이 많았다. 또 각 지역의 부인회 취지서 가운데는 국민 된 의무에 대한 인식 뿐 아니라 여성의 위치와 권리에 대한 자각이 엿보이기도 한다.

… 국채를 갚고 보면 국권만 회복할 뿐 아니라 우리 여자의 힘을 세상에 전파하여 남녀동등권을 찾을 것이니 여보시오, 여보시오 우리 여자 동포님네, 동성일심하여 때를 잃지 말고 지환(指環, 반지) 한번 벗게 되면 일천만 명 무명지에 속박한 것, 벗음으로 외인 수모를 벗고 자유 국권 회복하여 독립기초 이 날이니, 충군 애국하는 민충정(민영환) 최면암(최익현)은 생명도 아끼지 않고 학문 종사하는 일본 유학생은 손가락도 끊었거든, 하물며 쓸데없는 지환으로 생명지체 그 아니 용이하오[6]

옛글에 하였으되, 나라가 어지러움에 어진 정승을 생각하며 집안이 간난 함에 어진 아내를 생각한다 하였으니, 슬프다 우리 동포여, 생각합시다. 우리나라에 무엇을 생각하며 무엇을 생각지 않겠나요. 두 가지가 다 필요한 지라. 동포시여, 이 사람들에 말을 괴이타 마시오. 옛글에 말하였으되, 남자는 밖에 거하여 안을 말하지 말며 여자는 안에 거하여 밖을 말하지 말라 하였으니, 너무 분하며 절통함을 이기지 못하여 한마디 말씀하오며 또한 그뿐이라. 그 말은 옛적에 문 닫고 외국이 무엇인지 모르고 다만 내 몸 하나만 알고 우물 안에 있는 고기와 같이 있을 때거니와 이때는 어느 때며 이 세대가 어느 세대요. 비유컨대 쌍룡이 여의주를 다투는 듯, 두 범이 고기를 다투는 듯, 세계 열강국이 각기 용맹을 다하며 따라서 빈약한 나라를 빼앗아 삼키려 하는 세대로다.[7]

'여자도 국민'이라는 것은 남성 개화론자가 이미 주장했으며, 이러한 생각이 일부 여성에게도 전해졌다. 근대적인 여성운동(여권론)의 시작은 이러한 여성의 각성에서 비롯된다. '여권통문' 발표 시점부터 근 10년이 된 이 시점에서 여성들 스스로 내적 변화가 없지 않았다. 하와이 동포 여성들이 '여성은 안에 거하여 밖을 말하지 않는다'는 옛 법이 더 이상 시대에 맞지 않는 구습이라고 천명한 데서 알 수 있듯이 '여자도 국민'은 여성의 공적 발언권 획득, 즉 참정권과 연결될 수 있다.

여성들에게 있어서 '국민 된 의무'를 행한다는 것은 국가 또는 정치와 같은 바깥일에 대해서도 '입을 열수 있는 권리'와 상통한다는 점에서 귀찮은 의무가 아니라 기꺼이 자청할 만한 의무였던 것이다. "여자이기 때문에 나라 일에 참여하지 못하고 초목과 같이 썩을 신세가 안타까워 그 한이 가슴에 사무쳤다"[8]는 신소당(申蕭堂, 1853~1930)의 한 마디 고백이 구한말 여성들의 정치참여 의식을 말해준다. 이런 생각을 하는 여성들에게 국채보상운동은 공적인 발언과 실천에 대해 확실한 명분을 주는 것이었다. 그리하여 각종 부인회 취지서를 비롯해 그들의 활동을 공론화하고 격려한 것이 당시 신문이었다. 대한제국기 신문들은 국문을 해독하는 여성독자들에게 새로운 읽을거리였으며, 여성 각성의 지침서였다.

'안에 거하여 밖을 말하지 말라'는 구습은 부정되었고, 이제 신소당 등 여성도 신문투고라는 공적 경로를 통하여 공적 사안에 대해 자신의 목소리를 냈다. 공적 담론에 동참하는 여성독자들은 신문을 통해 세상을 읽고, 신문을 통해 용감하게 자기 생각을 세상에 공포했다.[9]

대구 남일동폐물폐지부인회 7인의 여성

국채보상취지서에는 남자의 참여만을 당부한 것이 아니라 부녀자들에게 참여를 종용하였다. 즉 격문에는 "구국에는 남녀의 차가 있을 수 없다"는 남녀평등의식이 담겨 있다. 여성의 국채보상운동 참여는 개인적인 참여가 아닌 조직을 통한 적극적인 참여였다. 남성 위주의 국채보상 발기에 대하여 크게 격분한 대구 남일동(南一洞)의 부인들은 1907년 2월 23일 남일동패물폐지부인회를 조직하니 이것이 최초의 국채보상여성단체이다. 이들은 전국 부녀 동포에게 보내는 격문, '경고 아 부인 동포'는 다음과 같다.

> 경고 아 부인동포(敬告 我 婦人 同胞)라! 삼가 우리 부인동포에게 알린다. 우리가 여자의 몸으로 규문(閨門)에 처하와 삼종지의(三從之義) 외에 간섭할 일이 없으나 나라 위하는 마음과 백성 된 도리에 어찌 남녀가 다르리오. 듣자하니 국채를 갚으려고 2천만 동포들이 석 달간 금연하고 대전(大錢)을 구취한다 하오니 족히 사람으로 감동케 할 일이요 진정 아름다움이라. 그러하오나 부인은 논하지 말라니 대저 백성이 아니며 화육중일물(化育中一物)이 아니리오. 본인 등은 여자의 소처로 몸에 지니고 있는 것은 다만 패물등속이라. 태산이 흙덩이를 사양치 아니하고 하해(河海)가 가는(細) 물을 가리지 아니하기를 적음으로 큰 것을 도우나니 뜻있는 부인 동포들은 많고 적음을 불구하고 혈심 의연하와 국채를 다 갚게 하는 것이 천만행심(千萬幸甚).

이 취지서에는 "나라를 위하는 마음에서나 백성 된 도리에서나 어찌 남

- 정미 정월 십일일 발기인에 대구 동상 남일동
- 정운갑 모 서씨 은지환 일불 두 냥중
- 서병규 처 정씨 은장도 일 개 두 냥중
- 정운화 처 김씨 은지환 일 불 한 냥두 돈중
- 서학균 처 정씨 은지환 일 불 두 냥중
- 서석균 처 최씨 은지환 일 불 한 냥 오 돈중
- 서덕균 처 이씨 은지환 일 불 한 냥오 돈중
- 김수원 처 배씨 은연화 일개 두냥 구 돈중

『대한매일신보』,
1907.3.7.
(출처: 대구여성재단)

녀의 구별이 있을 수가 있겠는가. 이 구국의 거사에서 부녀를 논의로 함
은 심히 부당한 일이니 우리 전 부녀는 그대로 있을 수가 없다"는 당시 여
성의 뚜렷한 자아의식을 발견할 수 있다. 국채보상운동은 처음엔 담배를
끊는 '3개월 단연'을 주된 방법으로 제시해 남성이 중심이 되는 남성 중심
적 운동이었지만 여성들도 가만히 있지 않았다. '부인이라고 조금도 다를
바 없다'는 의미로 여성도 의연금을 내기 시작했고 여성들이 국채보상여
성단체를 만들어 의연금을 모았다.

발기인은 정운갑 모 서씨, 정운화 처 김씨, 서병규 처 정씨, 서학균 처 정
씨, 서석균 처 최씨, 서덕균 처 이씨, 김수원 처 배씨 등 7인으로 이들은 솔
선하여 은지환, 은장도, 은연화 등 자신이 가지고 있는 패물을 기부했다. 남
일동 부인 7인중 6인의 이름은 대구여성가족재단이 2015년에 찾아냈다.
대구여성가족재단이 찾은 6인의 주인공 여성을 소개하면 다음과 같다.[10]

정운갑의 모(母) 서씨는 서채봉(徐彩鳳, 1859~1936)이었다. 서채봉은
정봉원의 부인으로, 취지문에는 유일하게 정운갑의 모라고 어머니의 자

정경주 여사의 1926년(당시 60세)
사진, 후손 서찬주 소장
(출처: 대구여성재단)

정운갑의 모, 서채봉, 후손
정우영 소장
(출처: 대구여성재단)

격으로 명시되었다. 서채봉 여사의 직계후손인 정우영(고손자)에 따르면
"어머니로부터 들은 기억으로는, 이 할머니는 호랑이같은 분이었다. 기개
가 대단하다는 말씀을 들었다."고 얘기했다.

서병규의 처 정씨는 정경주(鄭瓊周, 1866~1945)로 일부에서 최경주로
잘못 알려진 인물이다. 대구여성가족재단이 정경주로 확인했다. 정경주
는 남일동 패물폐지부인회를 조직하고 이끌었던 실질적인 리더이자 취
지문을 직접 작성한 장본인으로 추정된다. 서학균, 서석균(서철균), 서덕
균이 정경주 여사의 세 아들로서 정경주 여사는 세 며느리들과 함께 뜻을
모아 취지문을 발표했다. 정경주의 고손자 서찬주(숙명여대 교수)는 "할
머니(정경주의 손부)의 말씀에 따르면 국채보상운동 당시 여자들이 나와
서 줄 연설을 했다. 특히 정경주 할머니는 한마디를 해도 호소력 있게 하
셨다는 이야기를 전해 들었다. 이 취지문도 정경주 할머니가 쓰셨다고 보
면 될 것이다"라고 증언했다. 또 다른 고손자 서헌주(미국 버지니아주 거
주 목사)는 "정경주 할머니는 학식이 많고 절세의 미인이시며 봉건사회의
대가족을 자애로움과 엄격함으로 거느리신 여장부라고 들었다"면서 "저희

정경주와 남편 서병규, 정경주가 60세 되던 1926년에 찍은
사진, 후손 서찬주 소장
(출처: 대구여성재단)

할머니(정경주의 손부) 말씀으로는 정경주 할머니는 성미가 까다로워 모시기 힘든 점도 있었지만 품위와 권위가 있어 진심으로 흠모하였다"고 한다. "아마도 이러한 분위기를 보아 남편이 국채보상운동에 투신하여 고군분투하실 때 자부들과 함께 자발적으로 뛰어든 결정도 이 어른이 하셨을 것 같다"고 증언했다.

대구여성가족재단의 연구 결과, 남일동 패물폐지부인회 결성 장소는 남일동 109번지인 것으로 드러났다. 정경주의 고손자 서헌주가 증언하기를 당시 호적에는 1915년 서병규의 부친 서상우가 별세한 후 1922년에 남정 109번지에서 봉산정 51-1 번지로 이사했다. 따라서 1907년에는 남정 109 번지에 7인의 부인이 모여 거사를 했던 것이다. 1925년 토지대장을 확인해 보면 남정 109번지 토지 주인이 서병규로 나타났다. 패물폐지부인회가 취지문을 작성한 주요 공간적 배경이 된 곳이 남일동 109번지로 추측할 수 있다. 토지대장에 따르면 당시 서병규의 자택은 1,207㎡ (366평) 정도 규모이다.

　정운화 처 김씨는 김달준(1877~1956)이다. 정운화는 국채보상운동에서
'정운하'로 표기되기도 하였다. 국채보상운동 기념공원 비에는 '정운하'로
표기되어 있는데 당시 이를 보도한 신문들의 표기가 달랐기 때문인 것으로
보이며 가계도를 바탕으로 찾은 결과 정운화(鄭雲華)가 정확한 이름이다.

　서학균의 처 정씨, 서석균의 처 최씨, 서덕균의 처 이씨등 3인은 정경주
의 세 며느리이다. 장남 서학균의 처 정씨는 정말경(鄭末慶, 1881~1932),
2남 서석균(철균)의 처 최씨가 최실경(崔實慶, 1888~1965), 3남 서덕균
의 처 이씨가 이덕수(李德秀, 1889~1955)이다. 이중 최실경의 아버지는
최대림(崔大林)으로 대구광학회 설립에 동참해 활동했으며 국채보상운동
에도 활발하게 참여했던 인물과 동일인물인 것으로 보인다. 이덕수는 대
구에서 유명한 오산 이종면(李宗勉, 1870~1932)의 딸로 추측된다. 이종
면과 서병규는 다양한 사회 활동을 함께 했으며 연배도 1살 차이로 비슷
해 여러 가지 인연으로 당시 사돈을 맺지 않았을까 추측된다. 오산 이종

면은 대구 협성학교를 설립한 교육자이자 경제인이었으며 대구광학회 발기인으로 참여해 계몽운동을 시작했고 대한협회 대구지회 활동 기록이 남아 있다.

남일동 패물폐지부인회는 첫 번째 패물의연 단체였지만 지금까지 역사 속에 묻혀 있었다. 이와 같이 실제 이름을 발굴하여 당시 여성들의 활약상을 조명할 수 있었다. 연구결과는 언론 보도를 통해 국민들에게 큰 호응을 얻었다. 국채 보상운동 기록물이 2017년 10월 유네스코 세계기록유산 등재를 신청하여 최종 선정되었다.

국채보상 여성단체의 전국적 확산과 소멸

여성의 국채보상운동 참여는 개인적인 참여가 아닌 조직을 통한 적극적 참여로 남일동폐물폐지부인회가 전국 부인 동포들을 고무한 격문(취지문)으로 여성국채보상 단체가 전국 각지에서 조직되었다. 당시 『대한매일신보』, 『황성신문』, 『제국신문』, 『만세보』 등을 조사한 결과 약 30개 단체가 조직되어 활동하고 있었다.

여성단체 가운데 활동 영역이 컸던 몇 개 단체를 살펴보면, 서울에서는 대안동 국채보상부인회(대표 김규홍 전 판서 부인 신숙당), 부인감찬회(대표 이낙용 부실 김일당)을 들 수 있고, 대구에서는 국채보상탈환회, 부산에서는 감선의연회, 김포 국채보상의무소, 삼화항(지금의 진남포) 패물폐지부인회, 창원항의 국채보상부인회, 선천의 선천의성회, 진주의 애국부인회, 제주의 삼도리 부인회, 안성의 안성장기동부인회모집소, 안악군의 국채보상탈환회, 인천의 국미적성회 등을 들 수 있다. 국채보상운동을 가장 적극적으로 이끌어 갔던 서울의 국채보상부인회에서는 이준을 초청하여 강연회도 열었다.

특히 모든 여성단체가 중상류 양반가 부인들로 조직된 데 반해 특별한 점은 진주 애국부인회는 진주의 노기(老妓, 늙은 기생) 부용(芙蓉)에 의하여 1907년 3월 19일에 발기 조직된 국채보상여성단체였다는 점이다. 부용은 전성기에 황실의 탄신배반(誕辰杯盤)과 가례진연(嘉禮進宴) 등에 불려가서 황실로부터 여러 번 은상을 받은 명기였다.

국채보상운동에는 온 국민이 한 마음 한 뜻으로 거국적으로 총궐기하여 참여했다. 국내뿐만 아니라 외국에 가 있는 동포들도 이 운동에 참여했다. 안중근 의사가 일찍이 1907년 2월 27일 국채보상서도의성회를 결성하여 정열적으로 활동했다. '관서 44군 대소인민'에게 보내는 국채보상의연권고문을 작성하여 널리 반포하고 신문에도 광고했다. 안중근 의사는 부인의 패물과 비녀는 물론 제수들에게도 참여를 설득하여 모든 패물을 국채보상에 의연했다.

1907년 5월 7일에는 미국 하와이에서 김성환 등이 34원을 거두어 보냈고, 5월 27일에는 부인들도 보상금을 거두어 보냈다. 그 편지에 "나라 빚을 갚은 후에 온전한 자유를 차지하며 독립국이 되기를 간절히 바라며…"라고 썼다.

그러나 국채보상운동은 1년간의 놀라운 성과에도 불구하고 결국은 소멸하였다. 일제 통감부가 대한매일신보사 내의 국채보상기성회 총무인 양기탁(梁起鐸)을 근거도 없이 국채보상의연금 횡령이라는 누명을 씌워 구속했다가 무죄로 석방하였다. 이 사건이 계기가 되어 점차 쇠퇴하였다.

국채보상운동의 역사적 의미, '여권통문'의 참정권을 실천

우리 역사상 1907년은 국채보상운동의 해였다. 역사가들은 세 가지 측면에서 역사적 의의를 꼽는다. 첫째는 국가적 위기에 국민의 애국심을 크게 고취했다는 점이고, 둘째 전국적으로 그리고 각계각층이 참여한 운동이었으며, 셋째는 여성들이 열성적으로 참여하여 국민을 크게 각성시키고 감동시킨 애국운동이었다는 점이다.[11] 국채보상운동은 1907년 1년간 애국계몽운동의 중심적인 위상을 차지하는 매우 중요한 운동이었다. 역사적으로 매우 의미가 큰 운동이 되었으며 여성사에 있어서도 여성들이 단합된 힘으로 국정 참여권을 실천한 운동이었다.

또 다른 측면에서 1907년은 여성의 국정참여 운동, 혹은 여성의 정치운동이 시작된 역사적인 해이다. 이는 1898년 '여권통문'에서 시작된 여성의 단체활동(순성회)이 여학교 설립으로 설천했듯이 1907년에는 '여성도 국민'이라는 자각에서 국채보상운동을 주제로 여성운동을 실천했다. 국채보상은 국가의 위기에 국정에 참여하려는 여성의 참정권 획득 운동이었다. **정현주**

참고문헌

박용옥, 「국채보상운동에의 여성참여」, 『사총』 제12·113집, 1968.

신용하, 「한말 국채보상운동과 여성의 애국활동」, (사)3·1여성동지회편, 『한국여성독립운동가』, 국학자료원, 2017.

엄창옥 외, 『국채보상운동 사람·기억·공간』, 경북대학교출판부, 2019.

이경하, 「대한제국 여인들의 신문 읽기와 독자 투고」, 이숙인 외 지음, 여성문화이론연구소 엮음, 『되살아나는 여성』, 도서출판 여이연, 2019.

조항래 엮음, 『국채보상운동사 : 국채보상운동 100주년 기념』, 국채보상운동기념사업회, 아세아문화사, 2007.

대구여성가족재단 홈페이지 www.dwff.or.kr

주

1 신용하, 「한말 국채보상운동과 여성의 애국활동」, (사)3·1여성동지회 편, 『한국여성독립운동가』, 국학자료원, 2017, 423쪽.

2 『제국신문』, 1907.2.16

3 신용하, 앞글, 425~426쪽.

4 이경하, 「대한제국 여인들의 신문 읽기와 독자 투고」, 이숙인 외 지음, 여성문화이론연구소 엮음, 『되살아나는 여성』, 도서출판 여이연, 2019 참조.

5 『제국신문』, 「인천항적성회취지서」, 1907.4.1.

6 『대한매일신보』, 「탈환희·지셔」, 1907.4.23.

7 『제국신문』, 「재외부인의연서」, 1907.5.27.

8 『만세보』, 「기부용청서」, 1907.4.2.

9 이경하, 앞글, 116~117쪽.

10 이하 자료는 대구여성가족재단 홈페이지에서 인용함.

11 신용하, 앞글, 429쪽.

한국 여권선언문의 특징과
미래 전망

이상에서 살펴 본 여성들의 활동을 여권통문의 정신과 연결하여 정리해 보면 다음과 같다. 윤희순은 만주에서 노학당과 조선독립단학교를 설립하였다. 이는 여성의 교육받을 권리를 넘어서 여성이 교육할 권리도 실천한 것이었다. 또 의병장의 직임으로 사회적 활동을 하였고, '안사람 의병가'를 지으며 애국심을 고취시킴으로써 당시의 정세 속에서 정치적 활동도 하였음을 알 수 있다.

김란사는 이화학당과 일본의 경응의숙, 미국의 하워드대학과 데코네스 트레이닝스쿨, 웨슬리언 대학교, 시카고대학에 유학을 하였다. 이화학당의 교수, 교감, 사감의 직임을 맡았다. 또 의친왕의 밀사로 파리강화회의에 참석하는 임무를 맡음으로써 정치적 활동도 하였다. 박에스더는 미국 볼티모어 의과대학에 유학을 하였고, 귀국 후 간호원 양성학교의 설립을 도움으로써 교육권을 실천하였다. 또 여의사로서 활동하였고, 국민의료에 헌신함으로써 국왕으로부터 적극적인 평가를 받았다.

이그레이스와 김마르다는 보구여관에 입학하여 간호사가 되었다. 이들은 여권통문의 정신인 교육과 직업을 가질 권리를 스스로 만들었고, 정미의병 때에는 나라를 위해 싸우다 쓰러지는 의병들을 간호하며 격동의 정치적 사건에 적극 참여하였다. 윤정원은 일본에 유학하였고 귀국 후 관립 여학교의 교사가 되었으며, 상해의 독립운동단체에 참여하였다. 김마리아는 일본·중국·미국에 유학하였으며, 교사와 교수로 활동하였고, 독립운동에도 적극적으로 참여하였다. 나혜석은 일본과 프랑스에 유학하였고, 여자야학과 여자미술학사를 설립하였다. 그녀는 교사와 소설가, 시인, 화가로 활동하였으며 3·1운동에도 적극 참여하였고, 영국의 여성참정권 운동을 우리나라에 소개해 주었다.

김애식은 일본과 미국에 유학하였으며, 교사와 교수로 활동하였다. 또한 미국에서 재미동포에게 민족의식과 독립의식을 고취시키는 활동을 하였다. 최은희는 일본에 유학하였고, 여성과 관련된 저서를 집필함으로써 교육받을 권리와 교육할 권리를 실천하였다. 또한 1907년에 일어난 국채보상운동에 많은 여성들이 참여함으로써 사회활동과 정치활동에 적극적으로 동참하였다.

이상의 여권통문 정신을 실현한 여성들을 일별할 수 있도록 표로 정리해 보면 다음과 같다.

	교육활동	직업 및 사회 활동	정치활동
윤희순 (1860~1935)	1912, 만주 환인현에 노학당 설립 1926, 조선독립단 학교 설립	1907, 정미의병 때 여성의병장	포고문 경고문 격문 붙임. '안사람 의병가' 만들어 애국심 고취.
김란사 (1872~1919)	1894, 이화학당 입학 1895, 일본 경응의숙 수학 1897, 미국 하워드대 수학 1899, 데코네스 트레이닝 스쿨 수학 1900, 웨슬리언대 입학~ 1906, 학사학위 취득 1916, 미국 시카고대 신학전문과 수학	1910, 이화학당 대학과 교수, 총교사(교감), 기숙사 사감	1916, 재미동포에게 순회 강연하며 동포애 고취 1919, 의친왕의 밀사로 파리 강화회의 참석차 북경에 감.
박에스더 (1877~1910)	1896~1900, 미국 볼티모어 의과대학 졸업, 1903, 간호원 양성소 설립을 도움.	여의사	국민의료의 헌신적 활동을 인정받아 고종으로부터 메달 받음.
간호사 김마르다 (1870년대)	1903, 보구여관의 간호원 양성소(The Nurses' Training School) 입학	1908년, 첫 간호사	1907, 정미의병 때 한국 병사들 간호

	교육활동	직업 및 사회 활동	정치활동
간호사 이그레이스 (1882~?)	1903, 보구여관의 간호원 양성소(The Nurses' Training School) 입학	1908년, 첫 간호사 1914, 총독부가 제정한 醫生 면허 취득 1924~25, 강릉에서 개업 수원에서 산파소 경영	1907, 정미의병 때 한국 병사들 간호
윤정원 (1883~?)	1898~1908, 일본유학	한성고등여학교 교사	1926, 대독립당 북경 촉성회 참여
김마리아 (1892~1944)	1912, 일본 히로시마여학교 유학 1915~1919, 동경여자학원 유학 1922, 중국 금릉대학 입학 1923~4, 미국 파아크대에서 교사자격증 획득. 1927, 시카고대 사회학과 연 구학생 1928, 골롬비아 대학 대학원 에서 사회교육 석사학 위 취득. 1930, 뉴욕 비브리컬 세미너 리에서 신학공부	1910, 광주 수피아여학교 교사 1913, 정신여학교 교사 1932, 여자신학원 교수	1919, 2·8 동경유학생 독립 선언문과 결의문 낭 독, 대한민국애국부인 회 회장, 적극적 독립운동으로 고문 받아 병보석 후 상해 로 망명. 1922, 상해 대한민국임시정 부 의정원 대의원 1923, 재미교포에게 애국 강연회 1928, 뉴욕에서 재미교포 애국부인회인 '槿花會' 조직하고 회장으로 추대.
나혜석 (1896~1948)	1913, 동경여자미술전문학교 유학 1922, 중국 안동에서 여자 야학 설립 1923, 수원에 여자미술학사 건립 1927, 파리에서 야수파 미술 수업 유학	1915, 여주공립보통학교 교사 1918, 진명여학교 교사 1918, 단편소설 '경희' 발표로 소설가. 1919, 매일신보 만평작가 1921, 시 '인형의 집' 발표로 시인. 1921, 서울에서 개인 유화전 개최한 여류화가 1923, 고려미술회 창립 1930년~ 여성해방운동	1919, 3·1독립만세운동에 적극 참여로 5개월간 옥고 치룸. 1922년 중국 안동에서 독립 운동가 지원. 1923, 의열단원의 무기 보관 1928, 영국의 여성참정권 운동 소개.

	교육활동	직업 및 사회 활동	정치활동
김애식 (1898~1950)	1910, 이화학당 대학과 입학 1914, 서양음악교육 학사 학위 취득. 1917, 일본 갓스이여학교 전문부음악과 졸업 1923, 미국 엘리슨 화이트 콘서바토리에서 피아노 전공 학사학위 취득	1909, 이화학당 중등과 졸업 후 영화학당 교사 1914, 이화학당 교사 1925, 이화여자전문학교 음악교수	1923, 미국에서 대한독립 선언 기념행사에 참여 하여 재미교포의 독립 의식, 민족의식을 고취시킴
최은희 (1904~1984)	1922, 일본여자대학 사회 사업학부 아동보전과 유학 1973, 『한국근대여성사』 1~3권 집필 1982, 『한국 개화여성 열전』 집필	1924~1932, 조선일보사 기자 1926, 직업여성의 경제적 독립의식과 친선 도모 한 망월구락부 조직 1927, 근우회 조직 1945, 관선 여자교장 탄생에 기여	1919 3·1독립만세운동 주도로 서대문형무소 구류 1953~57 대한여자국민당 대표의원
국채보상운동 (1907)		남녀동등권 찾기 위한 사회 운동	국민된 의무감으로 참여한 정치적 구국운동

이를 보면 여권통문에서 주장한 교육권·직업권·참정권을 여성 선각자
들이 각각 나누어 실천한 것이 아니라 서로 연결되어 있음을 알 수 있다.
우리나라의 여권이 다른 나라와 다르게 교육권을 중심에 둔 이유는 이와
같이 교육권을 실현함으로써 직업권과 참정권도 연결될 수 있다고 생각
했기 때문이다. 또한 교육권은 교육을 통하여 자각능력과 실력을 키우면
서 정치적으로는 정세를 파악하는 가운데 자아를 확립할 수 있고, 사회적
으로는 직업으로 진출할 수 있는 기반을 마련할 수 있기 때문이기도 하
다. 19세기 말 한국의 상황 속에서 여성의 교육권은 반드시 필요했고, 여

기에 적극적으로 참여한 여성들이 있었다. 여권통문은 여성들이 정치의식, 사회의식, 국가의식, 민족의식, 자주의식을 고취하는데 중요한 기여를 하였음을 알 수 있다.

여권통문의 의의

여권통문은 한국최초의 여성인권선언서의 의미를 갖는다. 여권통문 발표 이후 여자 교육기관을 설립하고자 조직한 찬양회는 한국최초의 여성단체이기도 하다. 여권통문은 한국이 근대화를 시작하면서 역사상 최초로 여성들 스스로가 권리를 주장했다는 점에 역사적 의미가 있다. 또 단순한 주장에서 그치지 않고 실제로 여학교를 설치한 그 실천력에 높은 의미를 부여할 수 있다. 최근 한국여성사학회, 여성사박물관추진협의회, 사단법인 역사여성미래 등 여성단체를 중심으로 여권통문의 역사적 의미에 주목하여 통문이 발표된 날을 여성계를 넘어 국가차원의 기념일로 제정하자는 움직임이 제기되었고 2020년 9월 1일에 '여권통문의 날'로 법정기념일이 되었다. 이는 민간차원의 노력과 주장이 받아들여졌다는 점에서 긍정적인 평가를 내릴 수 있다.

여권통문은 우리나라 여성운동사의 측면에서 중요한 의미를 지니고 있다.

첫째, 여권통문은 세계적인 여성인권선언의 보편성을 갖추고 있다. 여성들이 시대의 변화를 스스로 자각하여 교육권, 직업권, 참정권을 주장한 여권통문은 세네카폴즈의 선언에 뒤지지 않는 보편적인 여성인권을 담고 있다. 둘째, 여권통문은 우리나라 근대적인 여성운동의 출발로 연결되었다. 여권통문을 발표한 여성들은 우리나라 최초의 여성운동 단체인 찬양회를 설립했다. 셋째, 여권통문이 발표된 시기를 전후하여 시대변화에 열린 자세로 참여한 선구적인 여성들에 의해서 여권통문의 정신이 실천되고 있었다.

오늘날 여권통문이 제시했던 여성의 교육권은 이루어졌지만 그 교육을 받은 이후의 생활은 아직도 여전히 문제로 남아있다. 취업 시의 성차별이 여전하고, 유리천장지수와 성별임금격차는 아직도 크다. 정치무대에서의 여성소외도 여전하다.[1]

여성인권의 미래전망

지금도 한국사회는 양성평등을 추구하고 있다. 여권통문이 발표된 시기에 비하면 여성의 인권이 많이 향상되었다. 그러나 아직도 가정에서는 가부장적인 잔재가 남아있어 친정보다 시가를 우선하고 있으며 가정폭력도 여전하다. 2020년의 코로나 사태로 가정 내에 부부가 함께 있는 시간이 많아지면서 우리나라를 포함하여 영국·프랑스·미국·남미 등 세계에서 가정폭력이 급증하였다. 이에 UN에서도 이 문제를 각 국가가 해결해 주기를 강조하였다. 그러나 가정은 사적 영역이라는 이유로 법이 가정폭력의 문제를 해결할 수 없다. 여전히 가정 내에서 폭력을 행사하는 남편이 법이다. 이것이 21세기 인류사회의 현실이며 한국의 현실이기도 하다.

교육적인 측면에서 보면 이러한 문제는 여성에 대한, 인권에 대한, 남성과 여성 모두의 인간에 대한 적극적인 양성평등교육을 통해서만이 해결할 수 있다. 그러므로 양성평등교육이 교과과정에 필수과목으로 들어가야 한다. 양성평등사회가 이루어질 때까지 양성평등교육은 의무교육으로 자리를 잡아야 한다. 이보다 더 중요한 것은 양성평등정책이 모든 국정운영의 기조가 되어야 균형있고 조화로우며 함께 행복한 사회가 될 수 있다. 또한 사회적으로 성별 고정관념도 바뀌어야 한다. 기존의 고정관념을 역설적으로 보여주는 것을 적극적으로 전개해야 한다. 이리하여 성별 인식의 틀을 깨야 자유로운 자아를 실현할 수 있다.

직업권의 측면에서 보면 직장 내에서도 여전히 가부장적인 권위가 자리하고 있다. 법에 저촉받지 않는 10인 이하의 영세한 사업장에 여성노동자가 많다. 남성들이 혐오하는 단어 중에 '여성 할당제'를 꼽는다. 여성은 결혼·임신·출산·육아로 경력이 단절되고 재취업을 하게 되는데 이때는 주로 비정규직이고, 임금도 낮다. 그러다보니 여성들이 자녀 돌봄과 부모 돌봄으로 쉽게 이행한다. 성평등을 이루기 위해서는 남성도 가사와 육아와 돌봄에 함께 참여해야 한다.[2]

2020년 현재 UN의 나라별 성별격차지수 통계에 의하면 우리나라는 153개국 중 108위로 그 격차가 매우 심하다는 것을 알 수 있다. 여성의 경제참여율에서도 127개국 중 124위로 거의 최하위에 속하고 있다. 법에는 보장되어 있지만 현실에서 남녀의 임금수준 격차도 15년 내내 하위권에 있다.[3]

참정권의 측면에서는 여성국회의원의 비율이 20% 이하이다. 적어도 30% 이상이 되어야 여성이 목소리를 낼 수 있다. 공무원의 비율은 고위직으로 오를수록 현저히 낮아져 중간은 17%, 고위직은 5% 정도이다.

여권통문 발표 이후 많은 여성들에 의해 교육권 직업권 참정권이 신장되기는 하였지만 현실은 아직도 갈 길이 멀다. 1898년의 여권통문 주장은 다음과 같다.

- 시대변화에 열린 자세로 여성도 참여하라.
- 새로운 문명과 열린 정치에 여성도 참여하라.
- 경제적으로 자립하여 자유롭게 살라.
- 학문과 지식을 넓혀 남성과 동등한 권리로 아름답게 살라.
- 세상을 알고 재능을 닦아 덕이 높은 인격자가 되고 귀한 영웅호걸이 되는 꿈을 이루라.

120여 년 전 여권통문이 제시한 메시지는 아직도 유효하다. 강영경

참고문헌

김영민, 「한국 근대 초기 여성담론의 생성과 변천 – 근대 초기 신문을 중심으로」, 『대동문화연구』 95집, 성균관대학교 동아시아학술원, 2016.

문소정, 「한국과 일본여성의 근대적 자각에 관한 비교연구 – 여권선언문을 중심으로」, 『동북아문화연구』 53집, 동북아시아문화학회, 2017.

박용옥, 「1896~1910 부녀단체의 연구」, 『한국사연구』 6집, 한국사연구회, 1971.

박용옥, 「1920년대 초 항일부녀단체 지도층 형성과 사상」, 『역사학보』 69집, 역사학회, 1976.

박용옥, 『한국근대여성운동사연구』, 한국정신문화연구원, 1984,

이덕주, 『한국교회 처음 여성들』, 홍성사, 2007.

이송희, 「한말 일제하의 여성교육론과 여성교육정책」, 『여성연구논집』 16집, 신라대학교 여성문제연구소, 2005,

이송희, 「한국 근대사 속의 여성리더십」, 『여성과 역사』 15집, 한국여성사학회, 2011.

임영빈 외1, 「개화기 여성 공론장의 형성과 발전」, 『현상과 인식』, 통권 140호, 한국인문사회과학회, 2019

조경원, 「대한제국 말 여학생용 교과서에 나타난 여성교육론의 특성과 한계」, 『교육과학연구』 30집, 이화여자대학교 교육과학연구소, 1999.

황수연, 「조선여성의 공적 발언: '소통'과 '권리' 추구」, 『여성문학연구』 45집, 한국여성문학학회, 2018.

주

1 김효선, 『여성신문』, 미래를 부르는 힘 15.1%, 2021.04.17.

2 아버지가 아이에 대한 육아에 참여함으로써 아이의 긍정적인 마인드에 큰 영향을 미친다는 연구보고가 있다.

3 2020년 9월 2일 발표한 통계청의 내용에 따르면 2019년 여성 임금근로자의 시간당 임금은 1만 3417원으로 남성 근로자 임금(2만 3566원)의 69.4% 수준으로 조사되었다. 여성 고용률은 51.6%로 10년 전보다 3.8%포인트(p) 상승했다.